FANNY MINORET

PAR

CHAMPFLEURY

PARIS

E. DENTU, LIBRAIRE ÉDITEUR
LIBRAIRIE DE LA SOCIÉTÉ DES GENS DE LETTRES
PALAIS-ROYAL, 15, 17, 19, GALERIE D'ORLÉANS

1882

Droits de traduction et de reproductions réservés.

FANNY MINORET

LIBRAIRIE E. DENTU

DU MÊME AUTEUR

Le Secret de M. Ladureau, 2e édit. 1 vol. gr. in-18. . . .	3 fr.
La petite Rose, 1 vol. gr. in-18	3 fr.
Surtout n'oublie pas ton parapluie, 2e édit. 1 vol.	3 fr
L'avocat trouble-ménage, 2e édit. 1 vol. gr. in-18.	3 fr.
L'Hôtel des Commissaires priseurs, 1 vol. gr. in-18. . . .	3 fr.
Souvenirs et portraits de jeunesse, 1 vol. gr. in-18. . . .	3 fr. 50
Les aventures de Mlle Mariette, 1 vol	1 fr.
L'usurier Blaisot, 1 vol.	1 fr.
Les bourgeois de Molinchard, 1 vol	1 fr.
Chien-Caillou	1 fr.
La Pasquette, 1 vol	1 fr.

Histoire de la Caricature antique, par CHAMPFLEURY. 3e édit. augmentée. 1 vol. illustré de 106 gravures et d'un frontispice en couleur	5 fr.
Histoire de la Caricature au moyen âge et sous la Renaissance, par CHAMPFLEURY. 2e édit. très augmentée. 1 vol. gr. in-18 jésus, illustré de 144 gravures et d'un frontispice en couleur.	5 fr.
Histoire de la Caricature sous la Réforme, la Ligue, 1 vol. gr. in-18 jésus, illustré de 90 gravures.	5 fr.
Histoire de la Caricature sous la République, l'Empire et la Restauration, par CHAMPFLEURY. 2e édit. 1 vol. gr. in-18 jésus, illustré de nombr. gravures et d'un frontispice en couleur.	5 fr.
Histoire de la Caricature moderne, par CHAMPFLEURY. 2e édit. 1 vol. illustré de 117 gravures et d'un frontispice en couleur	5 fr.

Histoire des Faïences patriotiques sous la Révolution, par CHAMPFLEURY. 3e édit. 1 vol. gr. in-18 jésus, avec 100 gravures et marques nouvelles	5 fr.
Il a été tiré un très petit nombre d'exemplaires sur papier vergé de Hollande.	10 fr.
Histoire de l'Imagerie populaire, par CHAMPFLEURY. 1 vol. gr. in-18 orné de nombr. gravures.	5 fr.
Le Violon de faïence, 1 vol. in-8 avec illustrations en couleur.	25 fr.
Henry Monnier. Sa vie, son œuvre, par CHAMPFLEURY, avec un catalogue complet de l'œuvre et 100 gravures fac-similé, 1 vol. in-8°.	10 fr.

Paris. — Imp. PAUL DUPONT, 41, rue J.-J.-Rousseau. (Cl.)26.5.82.

AVERTISSEMENT

Peut-être quelques curieux, à l'affût de tout ce qui rappelle l'ancien Paris, ont-ils remarqué au coin de certaines rues du versant de la Montagne Sainte-Geneviève, ces mots écrits en caractères du xviii° siècle :

QUARTIER
DU JARDIN DU ROY.

Cette épigraphe archaïque à demi effacée m'est restée constamment devant les yeux, depuis l'époque où je suivais avec assiduité les cours du Jardin des Plantes ; elle a commandé le roman actuel et j'en ai conservé l'orthographe sans ignorer que la Convention décréta que l'établissement, jadis entretenu par les souverains sur leur propre cassette, s'appellerait désormais Jardin des Plantes, et qu'après Buffon et Bernardin de Saint-Pierre, les hommes les plus marquants dans les sciences naturelles en seraient les directeurs ; mais j'ai profité, en qualité de romancier, d'un interrègne de quelques mois pendant lequel un courtisan appelé, au détriment des naturalistes, à occuper le poste qui leur était dû, ordonna à tout le personnel de remplacer le titre normal créé par la Convention par l'anciënne appellation : *le Jardin du Roy*.

CHAMPFLEURY.

FANNY MINORET

I

SUR LA SELLETTE

— Encore ce lion ! On ne parle que du lion dans les journaux... Ce lion abrégera mes jours ! s'écriait, le 27 juin 1827, à huit heures du matin, un personnage qui, assis devant son bureau, chiffonnait un journal avec les signes de la plus violente irritation.

— Assez de lion ! Il faut en finir avec ce fauve ! reprit M. Pardessus, administrateur du Jardin du Roy.

Se levant de son fauteuil, il se secoua comme s'il eût porté l'animal sur les épaules.

En ce moment la physionomie de M. Pardessus n'offrait plus les lignes majestueuses de son buste qui, placé sur le haut d'un cartonnier, avait été modelé par un statuaire classique plein de la conviction de ce que doit être un parfait administrateur.

Le gland d'une sonnette qui pendait au-dessus de son bureau s'étant rencontré sous la main de M. Pardessus, il le secoua fébrilement.

La porte du cabinet s'ouvrit et laissa passer la figure inquiète d'un garçon de bureau.

— Que veut dire ceci, Jean? s'écria l'administrateur. Aujourd'hui encore le journal contient des renseignements erronés sur le lion envoyé d'Afrique par mon cousin, le général Roustamy.

Le garçon de bureau, plein de respect hiérarchique, ouvrait les yeux et la bouche en signe de profond étonnement.

— Allez chercher le gardien du lion, tout de suite.

La porte du cabinet se referma.

— Non! reprit M. Pardessus en agitant immédiatement la sonnette.

De nouveau, dans l'embrasure de la porte, se profila la figure ahurie du garçon de bureau.

— Dites à M. Minoret de se présenter à mon

cabinet immédiatement, pour affaire de service... Dépêchez-vous!

M. Pardessus cessa sa promenade agitée et prit une attitude plus officielle dans son fauteuil de cuir. Il croisa les jambes, les décroisa, ne trouvant pas ces poses suffisamment administratives.

Deux grandes plumes d'aigle s'élançaient droites et fières de l'encrier. M. Pardessus en saisit une, l'éleva de la main à la hauteur de l'épaule et, après cette répétition, appuya le bec de la plume sur une feuille de papier ministre, comme si réellement il eût jeté les premiers jalons d'un important rapport.

— Entrez! répondit d'un ton de commandement l'administrateur à deux coups discrets frappés à la porte.

D'un geste, rendu solennel par la grande plume d'aigle, M. Pardessus indiqua, non loin de son bureau, une chaise à M. Minoret.

Le savant salua et s'assit timidement sur le bord du siège, après s'être informé de l'état de la santé de « monsieur le directeur ».

— Vous admettrez sans doute, monsieur, dit M. Pardessus sans répondre à cette politesse, qu'il est impossible à une administration qui se respecte de tolérer plus longtemps l'insupportable publicité donnée à un animal faisant partie des collections... Vous avez lu le journal ?

— Non, monsieur l'administrateur.

— Puisque vous affirmez ne pas l'avoir lu, reprit M. Pardessus avec un ton de doute, je vous apprendrai qu'une demi-colonne de la feuille que voici est encore consacrée au lion et à votre personne.

— A moi! s'écria M. Minoret.

— A vous-même, monsieur, et comme un tel fait n'est pas exceptionnel et s'est produit malheureusement à diverses reprises, il est de mon devoir de vous faire remarquer que le Jardin du Roy n'appartient pas exclusivement à monsieur Minoret.

— J'y occupe, en effet, monsieur l'administrateur, une position très modeste...

— Modeste en apparence (la plume d'aigle fut dirigée vers le plancher), considérable en réalité (M. Pardessus dressa triomphalement la plume en l'air). Si j'ouvre un journal, je suis certain à l'avance d'y trouver quelque article à la louange de monsieur Minoret...

Non, monsieur, vous n'êtes pas doué de la modestie que vous dites ; chacun sait que les journalistes n'impriment que ce qu'ils trouvent dans leurs boîtes.

— Je vous affirme, monsieur le directeur, que je n'entretiens aucuns rapports avec les rédacteurs de journaux.

— Voyez-vous mon nom s'étaler sur les feuilles publiques? s'écria M. Pardessus. Jamais, monsieur. Les hommes qui se respectent ne se commettent pas avec les plumitifs. Au lieu de passer mon temps à rédiger des articles laudatifs sur ma propre personne et à les porter dans les officines des journaux, je veille à la prospérité du Jardin du Roy, cet établissement que toute l'Europe nous envie, et je m'efforce de tenir d'une main ferme les rênes qui m'ont été confiées par le souverain.

De sa grande plume, comme s'il eût agité un étendard, M. Pardessus salua le buste de Charles X situé en face de son bureau. Ayant reçu de la débonnaire figure du monarque une sorte de vague assentiment, l'administrateur continua :

— Aussi bien, monsieur, vos collègues auraient le droit de se plaindre. Ils ne le font pas par esprit de tolérance; j'en sais d'ulcérés par vos agissements. Qu'avez-vous à démêler avec le lion ? Dans votre chaire d'anthropologie, tous les efforts doivent converger vers l'étude de l'homme... Les animaux ne vous touchent pas... Leur nature, leur fonctionnement dans la vie, le rôle que leur a attribué le Créateur (la grande plume se dressa vers le plafond) appartiennent à vos collègues et doivent fournir le sujet d'investigations approfondies.

— L'anthropologie, monsieur l'administrateur, est un vaste champ fertile en observations de toute sorte...

— Une affirmation, monsieur, une affirmation...

— Tous les êtres se tiennent sur cette échelle, créée par Bonnet de Genève : l'homme et l'éponge...

— Je les connais, vos détestables théories, monsieur, dit l'administrateur en écrasant le bec de sa belle plume sur le bureau... Vous vous plaisez à ravaler l'homme... Un abaissement qui ne fait pas honneur au Jardin du Roy... L'homme et l'éponge! Oseriez-vous, monsieur, exposer devant notre souverain cette fâcheuse et invraisemblable analogie?

De nouveau, M. Pardessus consulta la béate figure de Charles X pour obtenir son assentiment.

— Non, monsieur, vous ne l'oseriez pas... Et puisque vous avez l'honneur d'appartenir à un corps de savants estimables, jugez-vous utile de les ravaler gratuitement en évoquant une paradoxale comparaison entre eux et l'éponge?

Ce disant M. Pardessus se redressa dans toute sa majesté pour protester par le port de sa propre personne contre cette subversive théorie.

— J'en reviens au lion, dit-il; il a été donné au Jardin du Roy, sur ma demande, par mon cousin, le brave général Roustamy, attaché d'ambassade près de l'empereur du Maroc... Pourquoi le journal a-t-il passé sous silence le don de mon cousin? Votre directeur a-t-il démérité à vos yeux? Son nom écorcherait-il le papier, si vous l'y traciez?

— Monsieur l'administrateur, je vous affirme de nouveau que je suis absolument étranger à la publicité donnée à ce fait.

— Alors, comment le nom de M. Minoret, professeur d'anthropologie, se trouve-t-il sans cesse associé aux faits et gestes du lion?

— Je l'ignore, monsieur l'administrateur. J'avoue que souvent mes regards ont été attirés par la noblesse des mouvements de l'animal et la mélancolie qu'il éprouve d'être renfermé.

— Autre théorie fâcheuse, monsieur. Pas d'animaux dans les cages, n'est-ce pas? Vous supprimeriez volontiers d'un trait de plume le Jardin du Roy, un établissement dont les étrangers sont jaloux à juste titre... Que faites-vous alors du lion? Parlez... Voulez-vous que le lion prenne ma place, qu'il s'installe à mon bureau, qu'il commande ici en maître?

M. Pardessus haussait à perte de vue les épaules.

— Monsieur l'administrateur, la résignation de l'animal m'émeut chaque fois que je passe devant sa cage... Je lis son chagrin dans ses yeux...

— Et vous prenez la patte du lion, monsieur... Ne dites pas le contraire, c'est imprimé... Quel fâcheux exemple vous donnez au public! C'est la négation de mon règlement prévoyant... Qu'un imprudent vous imite, que le lion lui mutile un membre, sur qui retombera la faute de ce sanglant sinistre ? Sur l'administrateur du Jardin du Roy ; il sera incriminé par les mêmes feuilles qui proclament votre gloire.

M. Pardessus agita de nouveau sa grande plume, et d'un ton sentencieux :

— Les fauves peuvent être caressés par leurs congénères, jamais par l'homme.

— Je cherchais, dit timidement M. Minoret, s'il était possible d'adoucir l'humeur des animaux féroces.

— Pour les atteler, n'est-ce pas, à votre char de triomphateur ?... En voilà assez, monsieur... Je vous enjoins de cesser de pareilles familiarités avec des animaux qui ne font point partie de votre domaine... Ces loisirs sont pris sur vos travaux de laboratoire... Vous négligez l'étude de l'homme et je me vois forcé de vous rappeler à votre mission... Allez, monsieur !

Et la grande plume indiqua la porte.

II

TYPE D'ADMINISTRATEUR

M. Minoret sortit du cabinet de son supérieur, accablé par cette semonce.

Les allées du Jardin du Roy sont vertes et touffues ; comme en se jouant, le soleil perce la feuillée de gaies taches lumineuses. Ces allées paraissaient couleur de bile au savant.

Les oiseaux chantaient dans les bocages. La voix altière de l'administrateur retentissait seule aux oreilles de M. Minoret.

Des biches parcouraient leur petit domaine, le museau au vent. Le professeur courbait les épaules sous le joug directorial. Il arriva ainsi à une avenue qui longe la section des plantes usitées en pharmacie, allée dite *le médical*, et peu fréquentée par le public.

— Le méchant homme, s'écria M. Minoret, le méchant homme !

Et le savant levait ses bras en l'air comme s'il eût pris le ciel à témoin de l'injustice qui l'accablait. Ce qui mettait M. Minoret hors de lui, était d'avoir si mal défendu sa cause. La longe hiérarchique lui garrottait le cou ; il la sentait et n'osait faire des efforts pour s'en débarrasser. Les pensées qui roulaient dans son esprit, il en avait peur, craignant qu'elles ne se fissent jour dans une discussion avec son supérieur.

— Parce qu'il n'a rien fait dans la vie, songeait M. Minoret, ce sot personnage voudrait empêcher les travailleurs d'éclairer les problèmes de la nature... Non, la nation ne m'a pas appelé au poste d'anthropologiste pour me croiser les bras... Ah ! si j'étais un sinécuriste comme certains de mes collègues, si je passais mon temps à flatter la vanité de ce Pardessus, je vivrais tranquille... J'irai trouver le ministre, s'il le faut, et si le ministre ne me rend pas justice, j'en appellerai à l'opinion publique... Le directeur veut me rendre le séjour impossible, me forcer à donner ma démission pour faire entrer à ma place un plat valet à sa dévotion... Méchant homme !

Une chèvre, qui broutait à quelques pas de là, releva curieusement la tête et lança un regard de bonté sur le pauvre savant, dont les ulcérations intérieures se manifestaient par des agitations singulières.

M. Minoret marchait d'un pas saccadé, adressant force gestes à un interlocuteur invisible. Quand il s'arrêtait et reposait son front dans la main, on eût dit qu'il voulait faire ombre à ses yeux, afin de pénétrer jusqu'au cœur et d'en constater les meurtrissures.

Tout ce que le timide M. Minoret eût pu répondre à son accusateur lui venait à l'esprit quand il se trouvait seul. Dans son indignation, il eût terrifié l'autoritaire directeur s'il eût osé exprimer les amertumes que faisaient ressentir au professeur de telles semonces.

En face de son chef, M. Minoret devenait vermisseau. M. Pardessus était de haute taille, la poitrine développée. Le professeur se sentait rapetissé et courbé en entrant dans le cabinet directorial. Un regard à la Jupiter faisait baisser les yeux de M. Minoret. Qu'était-ce qu'un modeste professeur en face d'un homme dont le titre ne comportait pas moins de cinq syllabes? Se plaindre, prendre la nature à témoin d'injustices, à quoi bon? La nature impassible ne s'inquiète guère des récriminations des humains.

— Père, tu es pâle! dit à M. Minoret sa fille, quand le savant rentra au logis.

— Ah! fit-il avec accablement, j'ai été appelé ce matin chez l'administrateur.

— Pauvre père! s'écria Fanny en embrassant le savant, M. Pardessus t'aura blessé encore?

— La prochaine fois, je répliquerai à ce méchant homme comme il convient.

Il y avait longtemps que Fanny avait entendu cette menace de « la prochaine fois ».

— Je ne le crains pas, je me crains, ajouta M. Minoret, dont la timidité faisait place à l'exaspération... J'ai peur de m'emporter... Si je me laissais aller à mon indignation, je dirais des choses que ne doit pas entendre un supérieur... Qui sait ce que nous deviendrions! ajouta-t-il accablé.

— Père, dit Fanny en prenant les mains du savant ému, ne réponds pas quand le méchant homme te parlera... Ne réponds jamais, prends patience.

Les naturalistes attachés au Jardin du Roy avaient, en effet, besoin de faire preuve de patience.

Il est des sommets élevés que les aigles atteignent d'un coup d'aile; ces cimes, les reptiles y parviennent en rampant. M. Pardessus appartenait à la famille des rampants. Il avait pris la place d'un aigle dans ce poste, d'où l'on domine les sciences naturelles; mais, arrivé tard au sommet de la montagne, les brouillards de sa pensée l'empêchaient de rien distinguer. Pour voir, il faut un regard. M. Pardessus, n'ayant jamais regardé qu'au dedans de lui-même, n'y trouvait que le vide.

S'appuyant au début sur la notoriété de sa femme, qui peignait des vélins pour la bibliothèque du Jardin du Roy, M. Pardessus était resté trente ans préparateur d'un savant qui ne l'avait jamais laissé mettre la main à ses préparations. M. Pardessus n'en avait pas moins continué à toucher des appointements dont l'État est prodigue pour les médiocrités. Insuffisant en histoire naturelle, suffisant dans le monde, l'homme était regardé dans le laboratoire de son chef comme un de ces bocaux inutiles qu'on garde sur les rayons.

Tenu à l'écart par son supérieur, qui avait flairé un ambitieux de la race des taupes, M. Pardessus s'était tourné du côté du monde. Bellâtre, insinuant, M. Pardessus s'était fait remarquer de la marquise de Montendre, une coquette qui avait besoin de plus de compliments que de science, et qui trouva, dans une visite au Jardin du Roy, le complaisant qui lui faisait défaut.

La marquise avait remarqué, dans l'établissement, de certaines fleurs ; elle en recevait le lendemain matin un bouquet des plus rares, qu'avait obtenu M. Pardessus d'un jardinier que, pour favoriser ses galanteries, il avait su mettre dans ses bonnes grâces.

Lancé à la cour par la marquise reconnaissante, M. Pardessus avait convoité le poste vacant d'administrateur du Jardin du Roy, dans un de ces interrègnes où la division des savants fait échouer les plus méritants. Grâce au crédit de la marquise, qui de l'histoire naturelle ne goûtait que l'anthropophilie, M. Pardessus obtint la place.

La veille il n'était qu'un inférieur sans avenir, n'inspirant aucunes sympathies parmi le personnel de l'établissement; à peine nommé, il se redressa de son haut, remplaça par la morgue les aptitudes nécessaires à son poste, et rabaissa ceux qui avaient commis la faute de ne pas deviner sa fortune.

M. Minoret était incapable d'humilier un être quelconque. Les conflits administratifs, les querelles des professeurs entre eux, leurs rancunes, ne préoccupaient guère ce savant de nature timide, cantonné dans ses études. Aussi le savant inoffensif fut-il choisi par le nouvel administrateur du Jardin du Roy afin de servir d'exemple à ceux qui ne s'inclinaient pas assez bas devant son autorité. M. Minoret devint, sans s'en rendre compte tout d'abord, la tête scalpée qu'un chef de tribu sauvage accroche à sa ceinture; un tel insigne devait montrer aux professeurs que M. Maximilien Pardessus, disposant d'une puissance absolue, écraserait sans pitié ceux qui se rappelleraient sa basse extraction scientifique ou qui ne chercheraient pas à lui complaire.

M. Minoret appartenait à la rare catégorie d'hommes supérieurs qui, peu infatués de leur mérite, avouent qu'en maintes circonstances la science les a conduits à douter. Créateur d'une théorie, l'anthropologiste, loin de s'en prévaloir, se demandait, comme il demandait aux autres, la valeur de cette théorie. M. Minoret savait combien le temps démode de systèmes brillants : la méthode sur laquelle il s'appuyait pouvait subir le même sort.

Ces doutes, ces que sais-je? ne hantent pas le cerveau des médiocrités. Aussi affirmatif qu'il était vide, aussi tranchant qu'il était ignorant, M. Pardessus avait beau jeu avec l'anthropologiste. Connaissant de longue date l'ingénuité de M. Minoret, le directeur lui infligea quelques-unes de ces tortures dont l'arsenal des administrations est amplement fourni. L'anthropologiste fut trouvé en faute fréquemment, et comme sa réputation européenne blessait la plupart de ses collègues, sa candeur passa pour un jeu, sa bonhomie pour un calcul, et ce ne fut pas parmi les chefs de service, ses égaux, que M. Minoret trouva aide ni secours, alors qu'il était mis en croix par le bourreau à la tête du Jardin du Roy.

III

FANNY MINORET

« *Son Excellence Monseigneur le Ministre de l'Instruction publique, des lettres et des sciences, recevra le personnel du Jardin du Roy, le 31 décembre à trois heures de l'après-midi, en l'hôtel du Ministère.* »

Cette note fut envoyée, la veille de la réception, aux divers chefs de service du Jardin du Roy, pour les prévenir qu'ils eussent à accompagner M. Pardessus dans la visite officielle de fin d'année.

Une réception ministérielle est un événement qui compte, même dans le corps des savants.

Présentés par leurs noms, ils savourent d'avance le mot gracieux que peut leur adresser un éminent fonctionnaire qui porte le titre d' « Excellence ».

— Père, avait dit à quinze jours de là Fanny à M. Minoret, il serait temps de commander au tailleur un habillement pour la prochaine réception ministérielle.

— Que dis-tu? s'écria le savant que ces détails de la vie dérangeaient. Mon habit est encore fort mettable.

— Si je ne me trompe, père, il est fait depuis dix ans.

— Un habit neuf, presque; je ne l'ai pas porté plus d'une vingtaine de fois...

— En dix ans, reprit Fanny, l'habit a changé de mode.

— La mode, il faut la laisser aux freluquets... Je ne suis plus un jeune homme... D'ailleurs, j'ai la belle cravate blanche que m'avait brodée ta mère...

La voix de M. Minoret changea de ton. Ses yeux se rougirent. Sans ajouter un mot, il pressa sa fille dans ses bras.

— Pauvre femme! ajouta-t-il en se parlant

à lui-même. Je lui souhaitais avec tant de plaisir son jour de l'an... Enfin !

Ce qu'il y avait de mélancolique résignation dans cet *enfin*, poussa Fanny à changer de conversation.

— Tu me feras une surprise, n'est-ce pas, une jolie surprise, père!... Il y a une surprise que j'aimerais tant, ajouta-t-elle.

— Ah!... Dis-moi-là ?

— Si je te la dis, père, ce ne sera plus une surprise...

— Fais-moi entrevoir seulement un coin de ta surprise...

— Et bien! je serais si heureuse que tu te commandes un bel habillement neuf.

— Oh! s'écria M. Minoret... Depuis longtemps je rêve une autre surprise qui me ferait tant de plaisir... Tu ne me gronderas pas ?

— Père, pouvez-vous parler ainsi !

— C'est que ma folie est chère et coûtera plus que l'habillement.

— Dites, père.

— On a publié en Amérique un merveilleux ouvrage sur les oiseaux... Le bel ouvrage! Il manque à la bibliothèque de l'établissement...

Tous les ans, je me combats pour ne pas l'acheter; mais cette fois tu me pousses, c'est de ta faute, à engloutir dans ce beau livre une somme considérable...

M. Minoret s'arrêta comme s'il eût roulé vers le bord d'un précipice.

— Tu me tentes trop, dit-il en regardant sa fille d'un air qui demandait grâce.

Puis prenant son courage à deux mains :

— Trois cents francs! souffla-t-il à mi-voix.

— Il ne faut pas hésiter, père, répondit tranquillement Fanny.

— Non, non, nous remettrons cela à une autre occasion, reprit M. Minoret qui ne demandait qu'à se faire prier... Nous ne sommes pas assez riches... Qu'est-ce que penserait le livre de dépenses?

Fanny sourit.

— Le livre de dépenses pensera comme moi, dit-elle en prenant un long registre qu'elle feuilleta.

— A la fin de décembre, ajouta Fanny, nous aurons environ six cent cinquante francs d'excédent de recette.

— Est-ce possible? s'écria M. Minoret émerveillé comme un homme qui découvrirait un trésor. Six cent cinquante francs !

— Qui ne doivent rien à personne, reprit Fanny.

Plus ravi qu'un enfant à qui on offre un jouet :

— Tu es une bonne fille, ma Fanny, tu as de l'ordre pour un père qui n'en a guère... Mais il faut que tu te prives de tout pour économiser une si forte somme.

— Je ne me prive pas, père. Regarde plutôt si je ne suis pas très bien mise...

— Du moment où il ne manque rien à ta toilette... dit M. Minoret qui n'avait pas d'yeux pour de pareils détails.

— Mon armoire, reprit Fanny, est pleine de robes presque neuves encore ; mes tiroirs regorgent de rubans... Vous avez bien voulu laisser à ma disposition les bijoux de ma mère.

— Tu sais que je ne m'y connais pas, dit M. Minoret. Je veux seulement que ma fille ne manque de rien... Tu as un secret, ajouta-t-il. Comment peux-tu faire de si fortes économies sur mes quatre mille livres d'appointements ?

— Il ne faut que de l'ordre, petit père.

L'*ordre* est un mot magique qui répond à tout aux oreilles des savants. Fanny ne disait pas qu'elle travaillait parfois jusqu'à deux heures du matin à des ouvrages de broderie dont la vente s'ajoutait aux émoluments de son père ; elle bâtissait elle-même ses chapeaux, taillait ses robes et poussait le dévouement jusqu'à feindre de n'aimer ni la viande ni le vin, afin que le savant en eût une plus forte part.

A quinze ans, Fanny, que la mort de sa mère avait rendue réfléchie, sentit poindre en elle les qualités d'une maîtresse de maison. Comme les aveugles dont les autres sens bénéficient de la perte des yeux, Fanny, privée de sa mère, comprit la difficile mission qui lui incombait de gouverner un de ces enfants terribles du nom de savants ; elle eut conscience des tendres soins dont avait été entouré son père par une compagne qui se pliait à ses exigences. Quoique de nature gaie, l'enfant passa jeune fille avant l'âge ; la jeune fille devint comme « la moitié » de M. Minoret. Toutefois, l'espièglerie, qui avait persévéré chez Fanny, fut d'une grande ressource pour l'anthropologiste ; malmené par son directeur, il avait besoin de gaieté autour de lui, afin d'oublier les bourrasques administratives.

Les servantes étaient un sujet de trouble dans le Jardin du Roy. Fanny les supprima, ayant trouvé dans le quartier Copeau une femme pour faire le gros ouvrage de la maison.

Grâce aux soins dont l'entourait sa fille, M. Minoret devint gastronome sans s'en douter. L'enfant, qui s'était improvisée cordon bleu à peine au sortir de la pension, inventa pour le savant distrait des petits plats délicats qu'il savourait. Sans trop s'en rendre compte, M. Minoret entrevit parfois Fanny méditant sur un livre de cuisine dont elle cherchait à simplifier les recettes pour les rendre moins coûteuses. A de certains moments, la jeune fille se présentait à table, les joues empourprées par le feu des fourneaux; ces détails ne touchaient pas le professeur, préoccupé de problèmes scientifiques.

Si M. Minoret eût connu le fameux tableau de la *Cuisine des Anges* de Murillo, sans doute l'image de Fanny, s'agitant dans une pièce où brillait le cuivre des ustensiles de ménage, se fût présentée à ses yeux; mais en matière de Musées, le naturaliste ne connaissait que les galeries du Jardin du Roy, et nul chef-d'œuvre de l'art ne lui eût procuré une admiration semblable à celle qu'il éprouvait à la vue de l'émail d'un coquillage, de la coloration d'une plume d'oiseau, des bizarreries de dessins d'un madrépore.

Tout à la science, M. Minoret se rappelait à peine son système d'éducation de l'enfant, alors que la mère la portait dans son sein ; les circonstances qui avaient précédé la naissance de Fanny, les conséquences qui en résultèrent et qui étaient restées vivaces dans l'esprit du personnel féminin du Jardin du Roy, tout cela s'était effacé des horizons scientifiques que le savant consultait sans cesse, oubliant le passé pour ne songer qu'à l'avenir.

IV

LE LABYRINTHE

Il suffisait d'un rayon de soleil éclairant la poussière qui s'y agitait pour donner à M. Minoret le plaisir d'une danse de corpuscules, qu'aucun ballet de théâtre ne lui eût fait éprouver. Ces distractions avaient fait perdre parfois plus d'une idée à l'anthropologiste ; peut-être était-elle assez peu importante pour ne pas se représenter après le spectacle innocent que se donnait le savant.

Au contraire, il était des idées à longues racines, accrochées solidement à l'esprit de M. Minoret, et parmi celles-là se présentait en première ligne l'*éducation antérieure*.

M. Minoret, qui devait soulever tant de problèmes dans sa carrière d'anthropologiste, s'était au début préoccupé de l'union des sexes et en avait cherché les lois mystérieuses. La société ayant créé le mariage, il résolut de se marier, avec l'idée bien arrêtée d'avance d'être attiré par la femme qu'il épouserait, n'importe dans quelle condition de fortune elle se trouvât. *Amour*, M. Minoret ne savait pas ce que comporte le mot. L'homme avait été chaste dans sa jeunesse. Il attendait l'attraction : l'attraction ne se fit pas prier.

La jeune fille que M. Minoret rencontra avait la bonté peinte sur ses traits ; de grands yeux en amande répondaient de sa tendresse, suivant les remarques des physionomistes. Des épaules bien dessinées devaient se développer par le mariage. M. Minoret avait trouvé sa compagne.

Longtemps toutefois le jeune savant hésita. Il était pauvre, n'occupait qu'une modeste place dans un lycée ; Marie n'avait pas de fortune. Mais que des yeux tendres sont éloquents et combien ils éloignent toute idée de gêne ! Nous nous aimerons de tout notre cœur, disaient ces beaux yeux.

Le mariage fut décidé. Pourtant la lune de miel ne parut pas répondre d'abord aux douceurs que M. Minoret en attendait. Au bout d'un mois, il se demandait si une séparation de corps n'était pas imminente pour cause d'incompatibilité d'humeur. La science fait mauvais ménage avec l'amour. L'anthropologiste, oubliant qu'il était marié, ne quittait son laboratoire qu'après que Marie était venue l'y chercher. S'il poursuivait une idée, M. Minoret, sans se rappeler que la jeune femme était en face de lui à table, regardait l'invisible à travers les murs. Marie lui parlait : le savant lui répondait comme s'il tombait du haut d'une cathédrale. Quand une observation importante faisait ses circuits dans le cerveau de M. Minoret, il se laissait aller à des accès de joie imprévus, ne parlant plus que de sa poursuite avec enthousiasme; mais si quelque problème refusait de se laisser pénétrer, M. Minoret devenait inquiet, se parlant à lui-même, ne répondant pas, prenant le poivre pour le sel, regardant sa femme sans la voir.

Heureusement douée d'un fonds de bonté, Marie épela peu à peu ce caractère. Elle avait le sens droit ; elle prit à tâche d'entrer dans les idées de cet enfant décousu pour mieux pénétrer dans son cœur. M. Minoret était brusque, entêté, mais bon. De l'homme avec lequel elle était liée pour la vie, Marie ne voulut voir que les qualités ; elle ferma systématiquement les yeux sur ses défauts. Cette affectueuse créature se fit gouvernante pour le savant qui ne savait rien de la vie et dont il était facile de tout obtenir en ne le brusquant pas.

Marie réalisa le beau mot de compagne dans ce qu'il comporte d'affectueux ; les racines de sa tendresse se prolongèrent du cœur du naturaliste à son cerveau dont l'accès semblait uniquement réservé à la science. Elle s'habitua à vivre de cette vie et se complut aux recherches dont son mari l'entretenait, non pas seulement plantes, fleurs, oiseaux, mais déviations tératologiques.

— Une femme de négociant, pensait-elle, tient bien les registres de commerce de son mari.

Au bout de deux ans de ménage, Marie Minoret avait complètement conquis le savant. Un chagrin contribua à relier les époux. Un enfant était mort quelques semaines après sa naissance ; son crâne développé annonçait quelque tendance à l'encéphalie.

— J'ai trop pensé, se dit M. Minoret ; je ne suis pas suffisamment homme.

Il se mit dès lors à faire de la botanique avec rage ; mais il s'arrêta quelques mois après, s'apercevant que de trop nombreuses classifications lui surchargeaient la mémoire.

— Il faut modifier ces études, se dit M. Minoret.

Pour rendre sa nature plus robuste, avant de mettre en pratique son système d'éducation antérieure, le naturaliste suivit avec acharnement les travaux de jardinage du Jardin du Roy, brouettant et bêchant avec assiduité.

— Dans quel état tu te mets, pauvre ami ! disait Marie.

— Laisse faire, répondait-il, je pense à l'enfant.

Mme Minoret souriait et passait à l'excellent homme ses fantaisies. C'était un caprice de plus à ajouter à ceux de son mari.

Un soir, par une belle nuit d'été, alors que tout reposait à l'établissement, M. Minoret proposa à sa femme une promenade au labyrinthe. Marie accepta.

C'est un des beaux points de vue de Paris la nuit, avait dit M. Minoret.

Les deux époux gravirent lentement la route en lacet qui part du cèdre légendaire que, dit-on, Jussieu rapporta dans son chapeau. Il ne s'agissait guère d'histoire naturelle à cette heure. Les deux époux se donnaient le bras comme deux amants dans un étroit sentier. A un moment, M. Minoret passa le bras autour de la taille de sa femme; Marie laissa sa main dans celle de son mari. Ils étaient seuls, en pleine nature; la lune était claire; des senteurs fraîches et embaumées s'échappaient des arbres.

Tendrement, tous deux se serraient l'un contre l'autre sans se parler; leurs cœurs parlaient pour eux et ce qu'ils disaient était bien éloquent. En ce moment, toutes les petites misères de la vie disparaissaient pour ne laisser que ce qu'elle a de bon et de sain.

Par intervalles, la voix d'une bête fauve se faisait entendre dans l'éloignement. Seuls dans la création comme Adam et Ève, le professeur et sa compagne semblaient entourés d'animaux qui les respectaient.

L'air doux et balsamique passait à travers les arbres des versants du labyrinthe. La nature commandait le silence. Lentement, lentement, les deux époux marchaient, semblant vouloir allonger la route.

Tout à coup un spectacle magique s'offrit à leurs yeux. Du haut de la plate-forme, de nombreuses lumières apparaissaient, dessinant de longues lignes droites ou sinueuses. Une cité orientale illuminée succédait aux ombres épaisses de l'étroit sentier ; des silhouettes de hauts monuments émergeaient de l'immense espace.

Les deux époux, les mains l'une dans l'autre, regardaient ce décor féerique. Le ciel était nuageux ; d'épais nuages s'avançaient les uns contre les autres, comme des bataillons pour conquérir la lune. Elle était calme cependant, ne semblait pas craindre ses adversaires menaçants ; froide, immobile et tranquille, on eût dit qu'elle avait la conscience d'en triompher et d'apparaître plus pure au sortir de ce combat.

M. Minoret regardait l'astre cher aux amants et pressait doucement la main de Marie qui répondait à ces tendres étreintes. Faisant entendre un doux murmure comme celui des colombes, ils se serraient comme s'ils ne se sentaient pas assez près l'un de l'autre sur le banc circulaire entourant l'arbre qui dominait le labyrinthe.

Les nuages s'étaient rapprochés et avaient voilé la lune.

— Je t'aime, disait à Marie le savant.

Elle se laissa aller dans ses bras sans répondre. Il semblait que la nature le voulût ainsi, qu'elle avait jeté un voile sur la lune dans ce but. Et quel amant a jamais résisté aux ordres de la nature!

Tout à coup Marie poussa un cri. La lune était sortie radieuse de la lutte avec les nuages, et la jeune femme montrait du doigt une touffe d'arbustes.

M. Minoret se leva, craignant un danger.

— Je ne vois rien, dit-il après avoir fait le tour de la plate-forme.

— Rentrons, je t'en prie, j'ai peur, disait Marie. J'ai vu quelque chose sous le feuillage,

Les deux époux redescendirent l'étroit sentier, la jeune femme essayant en vain de trouer du regard les ombres de la route.

Deux jours après, alors que M. Minoret faisait sa promenade, la figure allègre, le pas plus alerte que de coutume, il fit la rencontre d'un des professeurs du Jardin du Roy.

— Quelle belle mine vous avez, mon cher collègue! lui dit celui-ci... Voilà ce que c'est que de respirer la fraîcheur de la nuit en haut du labyrinthe.

M. Minoret rougit comme s'il avait été surpris par un garde champêtre en flagrant délit amoureux. Confus, l'anthropologiste coupa court à cet entretien dont le début lui semblait particulièrement sarcastique.

Maudit endroit que ce Jardin du Roy où nulle action, même la plus naturelle, n'échappait à personne!

Ils étaient là une trentaine de pucerons sous un globe de verre que ne quittaient pas des yeux ardents, des yeux enchâssant des microscopes à lentilles grossissantes, au travers desquelles les faits et gestes insignifiants prenaient un volume considérable et se déformaient suivant la malice des regards.

Heureusement, M. Minoret était attelé à tant de recherches qu'il finit par oublier la soirée du labyrinthe. Il avait réalisé le désir de Saint-Simon qui proposa un jour à Mme de Staël de monter avec lui en ballon et là, à la face des nuages, en dehors de toute préoccupation, de léguer au monde un de ces grands génies que le rêveur s'imaginait être à même de fabriquer, d'accord avec la femme supérieure.

Un jour, Mme Minoret s'était jetée dans les bras de son mari. Avec un soupir :

— Mon ami, avait-elle dit, j'ai mal au cœur.

— Quel bonheur! s'écria naïvement le savant... Ce soir, je te ferai la lecture.

La lecture, pour guérir du mal de cœur, eût semblé à beaucoup de femmes une médication insuffisante : elle était commandée par les théories de M. Minoret sur l'éducation antérieure, et Marie l'accepta sans la discuter.

A partir de là, après le dîner, de grands écrivains de l'antiquité succédèrent aux tragiques; M. Minoret lisait un soir un fragment de moraliste et le lendemain passait à un auteur comique. Les auteurs qui se sont spécialement occupés de la femme au point de vue de la famille étaient remplacés par des conteurs délicats et aimables.

Ces lectures s'adressaient à une fille aussi bien qu'à un garçon. Ignorant s'il lisait pour un embryon féminin ou masculin, M. Minoret essayait de faire entendre son enseignement à l'un ou à l'autre.

— Il n'y a pas de mal, disait-il à sa femme, à ce qu'une fille goûte la morale d'Épictète, et quand un garçon entendrait la lecture du *Traité de l'Éducation des filles* de Fénelon, où serait le dommage?

Non pas que le naturaliste s'imaginât que l'embryon fût en état de comprendre un moraliste ou un poète ; il voulait seulement que les sensations de la mère, pendant ces lectures, fussent communiquées à l'être qui s'agitait dans son sein.

— Jamais je ne me montrerai assez tendre, pensait le savant.

Aussi entourait-il de soins exceptionnels Mme Minoret.

Tout distrait qu'il était, le naturaliste s'observait et avait rejeté, pour la première fois de sa vie, la science en seconde ligne. Plus l'ombre d'une querelle de la part de M. Minoret : l'embryon pourrait en être douloureusement affecté; au contraire, le savant s'efforçait de se tenir en gaieté, ou il inventait de tendres malices, pour égayer l'enfant.

— Un jour viendra, disait M. Minoret, où la science projettera sa lumière à l'intérieur du corps humain et verra clair comme nous voyons les cailloux au fond d'un cours d'eau ; aujourd'hui, le physiologiste marche dans les ténèbres, et c'est seulement par induction que nous communiquons avec un cher petit être.

M. Minoret, malgré les obscurités scientifiques, n'essayait pas moins de faire passer ses facultés dominantes et celles de sa femme dans l'intellect en voie de formation de l'enfant.

L'anthropologiste en était arrivé à un essai de classement de ses papiers sur son bureau.

— Il faut que l'enfant ait de l'ordre, disait-il..

Marie souriait. Ce prétendu ordre équivalait à un désordre absolu. M. Minoret perdait maintenant un temps considérable à chercher ses notes.

— Que le temps de l'enfant soit bien distribué, s'écriait-il.

Toutes sortes de faits nouveaux résultaient de la poursuite du problème de l'éducation antérieure qui troublait la vie du savant. Dans ses rares courses hors du Jardin du Roy, M. Minoret poussait parfois jusqu'aux quais et en rapportait des estampes destinées à la chambre à coucher de sa femme.

— L'enfant, disait l'anthropologiste, doit avoir sans cesse sous les yeux de parfaites représentations de la beauté.

C'étaient des modèles d'Ajax, de Vénus, d'Apollon, de Minerve; mais les menues sommes que le savant consacrait à ces achats ne permettaient guère d'avoir des estampes de choix. M. Minoret n'en restait pas moins persuadé que de telles images devaient avoir une action lente, mais certaine sur les traits de l'enfant.

En chemin, il cherchait les pauvres avec autant de soin que certains passants en mettent à les éviter.

— Il est bon, disait-il en leur donnant quelque aumône, que l'enfant soit charitable.

Marie avait fait un peu de musique avant son mariage.

— Tu serais bien aimable de te remettre à ton piano, lui demandait M. Minoret.

Mais l'instrument, qui avait été à peine ouvert depuis trois ans, ne rendait que des accords imparfaits.

— Non, dit le savant en fermant le piano. Pas maintenant... Nous fausserions l'oreille de l'enfant.

Quand l'instrument fut accordé, M. Minoret, quoiqu'il eût une voix chevrotante, pria sa femme d'accompagner la jolie chanson de Désaugiers, *Paris à cinq heures du matin:*

> L'ombre s'évapore,
> Et déjà l'aurore
> De ses rayons dore
> Les toits d'alentour.

— Voilà, dit M. Minoret, ce qu'il faut faire entendre à l'enfant, quelque chose de gai, de simple, de clair.

Un autre soir, le savant chantait le légendaire cantique de l'*Enfant prodigue*.

— Crois-tu que cela lui plaira? demandait-il à Marie.

— Je trouve ta complainte un peu longue, répondait-elle en souriant.

— Les enfants ont de la patience et ne nous ressemblent guère, disait M. Minoret... Tu chanterais toute la journée le même air à un nourrisson qu'il éprouverait la plus vive satisfaction.

Des discours et des actes du naturaliste résultait un mélange de chimères et de réalités que Marie admettait sans les discuter. Tout convergeait à l'enfant; tout était tendre et bon.

— Qu'il ait les qualités de son père, se disait Marie; je m'efforcerai de le rendre aimant et affectueux.

Elle-même avait fini par croire qu'elle parlait à l'enfant et qu'il lui répondait par ses remuants piétinements.

Éducation antérieure! Le mot plaisait à Marie, qui maintenant comprenait son époux, voyait clair dans son cœur et pénétrait dans les bizarres enfantillages du savant, dont il n'y avait plus à sourire.

V

ECHIDNA GABONICA

M. Morateur, le naturaliste, était certainement l'homme le plus calme du Jardin du Roy. Il ne posait jamais de questions à personne, écoutait ou avait l'air d'écouter, faisait entendre un murmure approbateur à tout ce qu'on disait, et s'arrangeait de telle sorte qu'en face de deux contradicteurs, il laissât croire à chacun d'eux qu'il était de son avis. Il n'avait jamais ri, jamais pleuré, il n'avait jamais haï; personne ne l'avait entendu élever la voix; mais si un de ses collègues faisait une découverte, M. Morateur semblait dire *chut*, comme si cette découverte eût dû troubler l'harmonie du monde scientifique.

Le teint frais, pas une ride à soixante ans,

avaient récompensé M. Morateur de cette prudente ligne de conduite.

Et pourtant il était marié à la créature la plus venimeuse de l'établissement. Si quelque nouvelle désagréable se répandait dans le Jardin du Roy, elle avait été lancée par Mme Pélagie Morateur, une personne dont les yeux avaient le froid de la faïence. Emportée, les narines mobiles, cette femme, à qui deux arcs en demi-cercles rouges tenaient lieu de sourcils, se sentait laide sans se l'avouer, jalousait toutes les dames du jardin, et propageait sur leur compte des histoires scandaleuses ; aussi Pélagie, la terreur de son entourage, avait-elle été surnommée par un naturaliste, qui garda prudemment l'anonyme : *Echidna gabonica*, la vipère du Gabon.

Pélagie semblait avoir des yeux derrière la tête et voyait tout. Une porte s'ouvrait-elle chez ses voisins, il fallait qu'elle sût qui entrait, qui sortait. Un fournisseur apportait un paquet, *Echidna gabonica*, de sa fenêtre du premier étage, ouvrait des yeux de douanier pour sonder ce que contenait l'enveloppe. Faisant ses provisions elle-même au marché, elle interrogeait les marchands sur ce qui avait été acheté par tel ménage, et ses conversations familières avec les boutiquiers du quartier lui permettaient d'établir une enquête sur les consommations de chaque intérieur.

Douée d'une mémoire merveilleuse, *Echidna* excellait dans l'art de grouper des faits, de les travestir et leur préparait des rôles importants dans les drames qu'elle échafaudait. C'est pourquoi elle s'était fait une cour. Les femmes des professeurs, qui craignaient ses méchancetés, n'auraient manqué sous aucun prétexte de se rendre à ses mercredis; elles y allaient avec crainte, pour éviter le venin d'*Echidna gabonica*. Les visiteuses faisaient preuve de tendresses excessives à son égard; en entrant, chacune d'elles embrassait Pélagie aussi affectueusement que possible, espérant que ces prévenances empêcheraient la langue de la vipère de s'agiter. On lui portait des fleurs, des primeurs; les plus timides lui faisaient cadeau de rubans, de menus bijoux et saisissaient tous les anniversaires possibles, celui de la naissance de Mme Morateur, la date de son mariage, pour désarmer cette puissance redoutable et obtenir au besoin quelques adoucissements de cette langue empoisonnée.

Marie Minoret commit la faute de ne pas témoigner assez d'empressements pour la vipère. Occupée de son intérieur, elle ne se rendit pas assidûment aux réceptions de Pélagie. M. Minoret était trop absorbé pour dire à sa femme, ainsi que le faisaient ses collègues : — N'oublie pas que c'est aujourd'hui le mercredi de Mme Morateur.

Marie en porta le poids et fut l'objet d'une surveillance très particulière de la vipère du Gabon, qui s'était faite son ombre pour ainsi dire.

Marie ne s'était pas trompée lorsque, en haut du labyrinthe, elle avait vu le feuillage remuer et une forme se dessiner et disparaître.

Echidna, se glissant à travers les arbres, avait assisté aux tendresses des deux époux qu'elle suivait depuis la sortie de leur domicile.

Pélagie n'était pas toutefois entièrement satisfaite de son exploit nocturne. Elle éprouvait le besoin d'en parler, et à deux heures du matin M. Morateur pouvait seul lui servir de confident.

Les deux époux faisaient lit à part; mais leurs chambres étaient contiguës. Pélagie n'osa toutefois réveiller son mari; aux premiers mots de confidence, elle eût été accueillie par un de ces *chut* qui faisaient autorité de la part de M. Morateur.

Ayant entendu le bruit d'un fauteuil renversé à dessein dans l'appartement de sa femme :

— Qu'est-ce? Qui va là? s'écria M. Morateur troublé dans son premier sommeil.

— Si tu savais! dit la vipère en pénétrant dans la chambre de son mari.

M. Morateur ouvrit des yeux inquiets.

— Quel événement vient de se passer au labyrinthe! reprit *Echidna*.

Le naturaliste, qui avait cru tout d'abord à un feu, s'emmaillotta de nouveau dans ses draps lorsqu'il fut question du labyrinthe. Un incendie ne pouvait s'y déclarer.

Toutefois Pélagie s'était assise sur le bord du lit et racontait la scène dont elle avait été témoin, avec des développements et une insistance si particulière que M. Morateur flaira un danger. Depuis de longues années il avait réussi à se retirer dans son cabinet, prenant pour prétexte ses travaux du matin et l'état de ses nerfs. En voyant l'attitude de sa femme, qui n'avait jamais accepté qu'en récriminant cette séparation, M. Morateur s'enroula hermétiquement dans les draps, de façon à se présenter recouvert d'une sorte d'armure ; se rapprochant insensiblement du bord du lit, le naturaliste dirigeait ses batteries de telle sorte qu'il empêcha sa femme d'y séjourner plus longtemps.

Echidna avait puisé d'abord son sujet aux entrailles de la morale indignée; une occasion s'offrant qui se présentait rarement, elle changea de thème et le modifia en parlant de devoirs conjugaux. M. Morateur fit la sourde oreille; les crises de cette nature lui semblaient dangereuses pour sa santé, et le manège qu'il poursuivait avec insistance força sa femme à se lever du bord du lit, puis à se retirer, ce qu'elle fit en lançant à M. Morateur cette flèche :

— Ce n'est pas toi qui monterais au labyrinthe !

Le mot resta dans l'établissement, car *Echidna* le colporta chez ses voisins, parmi lesquels il devint légendaire.

Il y avait parmi les professeurs un naturaliste qui passait pour gaillard. S'il manquait à une soirée, on disait de lui avec un sourire piquant :

— Il est encore allé au labyrinthe.

Certaines femmes se plaisent à ce genre de propos. M. Pardessus était pris parfois de douleurs rhumatismales lombaires. On le plaignait médiocrement. — Pourquoi, disait-on, est-il trop monté au labyrinthe dans sa jeunesse?

Ni M. Minoret ni Marie ne se doutaient qu'ils avaient fourni un thème incessant aux imaginations des dames de l'établissement. Ils avaient pourtant un mot sarcastique attaché maintenant à tous leurs actes, et quand Mme Minoret accoucha de sa fille, *Echidna*, se livrant à des calculs approximatifs, la baptisa du surnom de l'enfant du labyrinthe.

Ces méchancetés s'effacèrent dans le malheur qui devait atteindre M. Minoret; la mort de Marie à quelques mois de là, la mise en nourrice de l'enfant, firent qu'*Echidna* dirigea ses batteries dans une autre direction, l'intérieur d'un savant isolé dans son veuvage ne fournissant qu'une mince pâture à ses observations.

VI

RÉCEPTION MINISTÉRIELLE

Le grand jour de la réception ministérielle était arrivé, le seul jour où M. Minoret se permettait le luxe d'un fiacre, afin de se présenter dans le grand salon du ministère, les souliers bien luisants, principal luxe de son costume.

Toutes sortes d'importants personnages entraient dans l'antichambre en manteaux à revers de velours ou doublés de fourrures. C'était un déploiement de manchettes de dentelles, de jabots qui s'étalaient frissonnant sur la poitrine de leurs propriétaires. Au milieu de telles gens, qui avaient une façon à eux de lancer leurs vêtements à la tête des garçons, M. Minoret se glissait modestement et fourrait sous une banquette son manteau après l'avoir ployé aussi proprement que possible.

La grande galerie précédant le cabinet du ministre était déjà pleine de personnages, dont la plupart portaient haut la tête. La Sorbonne, le Collège de France, les lycées royaux pour l'enseignement, les théâtres privilégiés, le Conservatoire, l'Opéra, les comités dirigeants, les membres des diverses commissions officielles, formaient un ensemble d'hommes qui parlaient haut, arpentaient la salle en êtres habitués à de pareilles réunions.

Les savants se reconnaissaient à leur air méditatif, à des épaules voûtées, au peu de soin qu'ils prenaient de leur chevelure. Les gens de théâtre étaient reluisants de peau et d'habits; onctueux comme s'ils sortaient d'une boutique de parfumeur; quelques-uns toutefois, qui ne voulaient pas vieillir, ressemblaient, par une accumulation extraordinaire de petites rides, à des pommes cuites.

On se donnait dans cette galerie des serrements de main d'heureuse rencontre et le plus souvent des poignées de main de « va te promener ». C'étaient, avant de paraître en face de l'Excellence, des répétitions d'yeux de gens qui passaient et repassaient devant les glaces en se cambrant pour donner du jeu à l'étoffe de leurs costumes.

Les groupes se formaient pendant que l'huissier appelait. Les hommes de petite taille se montraient d'une intrépidité sans égale pour marcher en avant au feu des rayons ministériels; ils voulaient ne pas être éclipsés par de grandes perches d'hommes qu'on voyait dominer ce flot humain.

Au moment où M. Minoret rejoignait son directeur, qui était campé contre une colonne, entouré de son état-major de naturalistes, M. Maximilien Pardessus fronça le sourcil et prit des airs de Jupiter assemblant les nuages.

Un admirable sous-gilet en satin cerise s'avançait d'un demi-travers de doigt hors d'un gilet de casimir blanc formant plastron sur la poitrine de l'ancien bellâtre qui, dit-on, avait jadis attiré l'attention de la duchesse de Berry.

M. Pardessus passa à diverses reprises la main sur cet admirable gilet, avec une opiniâtreté qui devait d'autant plus appeler l'attention de M. Minoret que les yeux de l'administrateur se tournaient impérieusement vers le savant.

M. Minoret regarda ce manège des doigts

acharnés après les boutonnières du gilet de son supérieur, comme si quelque insecte nuisible y fût logé.

Le directeur, voyant que le professeur d'anthropologie ne le comprenait pas, alla à lui et lui dit, de façon à être entendu de son entourage :

— Votre gilet, monsieur !

M. Minoret regarda cette partie de son habillement qu'il traitait, comme le reste, avec indifférence.

— Il y manque un bouton, monsieur, ne le voyez-vous pas ? reprit M. Pardessus avec le ton d'un brigadier de gendarmerie passant l'inspection de son peloton.

— C'est bien possible, dit M. Minoret.

Le directeur du Jardin du Roy haussa les épaules.

— Et vous vous croyez digne, monsieur, de paraître ainsi devant Son Excellence Monseigneur le Ministre ?

M. Minoret en était encore à se demander comment un bouton de gilet, qui était à demi détaché de sa capsule, pouvait lui valoir une telle algarade.

— Une pareille tenue est inconvenante, monsieur, sachez-le, ajouta M. Pardessus.

M. Minoret rougit, car en face de ses collègues il venait d'être traité en enfant par son administrateur.

Heureusement arriva sautillant, trottinant, tortillant, heurtant, cognant, butant, culbutant les gens sur son passage, le naturaliste Drelincourt, qui était en retard. C'était le professeur chargé du cours de physique végétale au Jardin du Roy; il eût scandalisé la foule par ses agissements de torpille si son nom et son renom, ses études et le fluide qui en résultait n'eussent plaidé en sa faveur.

En même temps l'huissier, qui appelait par ordre hiérarchique les établissements scientifiques, tira momentanément M. Minoret d'affaire.

Le personnel de la Sorbonne venait d'entrer, suivi de celui du Collège de France.

— Messieurs du Jardin du Roy, clama l'huissier.

Ce fut comme si les divers animaux de la création se pressaient pour pénétrer dans l'arche.

En tête, M. Maximilien Pardessus, de haute taille et l'air fort satisfait de lui-même; derrière lui tout le troupeau scientifique, les uns avec des besicles et des regards pointus qui s'efforçaient de trouer les verres, les autres essayant la bouche en cœur et n'arrivant guère qu'à une bouche en cul de poule.

La porte seule arrêtait ce torrent : devant, se tenait immobile, froid, dédaigneux, l'huissier, l'épée au côté, qui contemplait avec mépris tous ces savants auxquels il lui était libre de n'ouvrir qu'à son plaisir.

Un coup de sonnette, qui vibra dans toutes les poitrines, retentit de la pièce voisine.

L'huissier voulut bien ouvrir la porte à travers laquelle s'engouffra le Jardin du Roy.

M. Pardessus s'inclina longuement, aussi bas que le lui permettait sa taille.

— J'ai l'honneur, dit-il, de présenter à Son Excellence Monseigneur le Ministre les chefs de service attachés à mon administration, au Jardin du Roy.

Les savants saluèrent le ministre. Le ministre salua les savants.

Un demi-cercle se forma autour de M. Pardessus qui, nominativement, désignait chacun des professeurs.

M. Minoret fut oublié. Il était resté, honteux, derrière ses collègues, dans l'embrasure d'une fenêtre, n'osant se présenter avec son gilet auquel manquait un bouton.

Le ministre complimenta M. Pardessus sur le Jardin du Roy, et témoigna de l'intérêt qu'il portait à cet endroit.

— J'y ai joué tout enfant, daigna ajouter le ministre, et j'ai conservé, en même temps qu'un souvenir vert et frais de ses ombrages, une vive curiosité pour les animaux de vos riches collections... Ah! que dit-on dans les journaux, qu'un de vos savants professeurs a réussi à apprivoiser un lion?

— Les journaux exagèrent, monseigneur... Ils feraient mieux d'appeler l'attention de Votre Excellence sur les restaurations que nécessite un si important établissement... Le toit de mon domicile laisse filtrer les eaux pluviales qui dégradent les papiers de tenture de mon cabinet... Hier encore, en m'asseyant devant mon bureau...

Le ministre, qui était homme d'esprit, s'empressa de couper la parole à M. Pardessus.

— Un jour, monsieur le directeur, dit le ministre, j'irai m'enquérir des besoins de votre administration ; je désire également assister aux expériences de M. Minoret avec le lion.

D'un geste poli l'Excellence fit signe à M. Pardessus qu'il eût à céder la place à d'autres établissements scientifiques dont le tour était arrivé. Le groupe des savants se retirait sur les talons de son directeur, lorsque le chef de cabinet du ministre lui dit :

— Mais voici M. Minoret qui, je crois, ne vous a pas été présenté, monseigneur.

Le directeur du Jardin du Roy s'arrêta au moment de franchir la porte de sortie.

Le ministre avait tendu la main au savant et le félicitait sur ses travaux, sur son courage.

— Je tiens à voir vos expériences, monsieur Minoret, lui dit-il. Pourrez-vous me faire trouver face à face avec ce lion que vous avez su enguirlander?

— Quand il plaira à Son Excellence, dit le savant oubliant à cette heure qu'un bouton manquait à son gilet.

— A bientôt, monsieur Minoret, reprit le ministre en serrant de nouveau la main du savant.

Quand le naturaliste se trouva dans l'antichambre avec ses collègues, chacun s'écarta de lui comme d'une brebis galeuse.

Il avait échangé quelques paroles avec le ministre !

Les bouches en cœur, celles en cul de poule, étaient couvertes de la même irritation, et, sans prendre congé de M. Minoret, qu'il renontra sous la marquise, M. Maximilien Pardessus se montrait plus hautain que jamais.

VII

LE MINISTRE AU JARDIN DU ROY

Quelques jours après la réception ministérielle, M. Pardessus se dirigea vers le quartier des animaux carnassiers. Il était grave et semblait préoccupé en passant en revue le personnel de lions et de lionnes, de tigres, d'hyènes et d'ours. Deux gardiens, la casquette à la main, suivaient l'administrateur.

— Montrez-moi, dit-il, ce lion que M. Minoret se vante de domestiquer.

— C'est celui-là, c'est Jacques, monsieur le directeur, dit un des gardiens.

— Pourquoi le dénommez-vous Jacques?

— Monsieur le directeur, c'est M. Minoret qui l'a baptisé de la sorte.

— Baptisé! Ne comprenez-vous pas la valeur de vos paroles?... Un carnassier baptisé! A l'avenir, entendez-vous, je vous défends expressément de qualifier un animal par un prénom d'homme... Jacques, qu'est-ce que cela signifie? Celui d'entre les gardiens et employés de l'établissement qui prononcera encore ce nom, encourra les rigueurs de l'administration.

Le lion tournait et retournait dans son cabanon, jetant parfois un regard vague sur M. Pardessus, comme si l'animal eût compris qu'on s'occupait de lui.

— Vous avez vu, reprit l'administrateur, comment procédait M. Minoret avec le fauve pour l'amadouer?

— Monsieur le directeur, M. Minoret a passé peut-être trois mois en contemplation devant la cage du lion, comme pour se faire connaître.

— Que de temps perdu pour un homme appelé par le souverain à d'importantes recherches scientifiques!... Dites-moi... Ce lion projette de fâcheuses odeurs...

— On s'y habitue, monsieur le directeur... Les gardiens qui sont en rapports constants avec l'animal n'en souffrent pas...

— Les gardiens, c'est possible, mais moi!

M. Pardessus, qui était dès huit heures du

matin parfumé et pommadé, trouvait dans l'odeur particulière aux carnassiers un premier écueil à son projet.

— Quand M. Minoret a eu contemplé l'animal pendant le long laps de temps que vous dites, comment est-il entré en relations avec lui ?

— Monsieur le directeur, c'est alors que M. Minoret a eu une idée.

— Une idée, M. Minoret! s'écria avec dédain M. Pardessus en arrêtant son regard sur le gardien qui tournait sa casquette entre ses doigts.

— Monsieur le directeur, je n'ose vous dire l'idée de M. Minoret....

— Ne fatiguez pas inutilement votre casquette; faites-moi part de ce qu'à tort vous appelez l'idée de M. Minoret. Un pauvre homme incapable d'avoir des idées...

— Monsieur le directeur, c'est à cette occasion que M. Minoret a appelé l'animal Jacques.

— Brigadier, je vous mets à l'amende pour oser répéter en face de moi ce nom que je vous avais enjoint d'oublier... A tout jamais, entendez-vous, vous ne devez affubler un fauve d'un pareil prénom... Je vous demande les procédés qu'employait M. Minoret vis-à-vis de l'animal, répondez...

La casquette du gardien-chef fit de fortes évolutions.

— Excusez-moi, monsieur le directeur, l'animal était sensible à ce surnom...

— Sensible, cela vous plaît à dire... Il faut déraciner cette fâcheuse habitude, je le veux.

— C'est que le lion n'obéit qu'à cet appel...

— Vous châtierez le fauve au premier acte de désobéissance... Appelez ce lion d'un titre quelconque, le Roi des forêts, le Souverain du désert... Voilà des appellations normales qui conviennent à la personnalité de l'animal et la relèvent au besoin.

Les gardiens écoutaient M. Pardessus avec inquiétude. Crier en face de la cage : « Roi des forêts, voilà de la viande de cheval pour ton repas », leur paraissait peu en rapport, ainsi que la « souveraineté dans le désert », avec un animal enfermé.

— Ce lion, comme tous ses congénères, reprit M. Pardessus, appartient à une famille, à un ordre, à une espèce... Il eût été si facile de l'habituer à ce mot de carnassier qui est son titre véritable... Tout dépend du ton qu'on emploie... Carnassier, cria avec une voix de caporal l'administrateur en faisant des gestes pour faire lever le lion accroupi.

L'animal ne bougea pas; sa gueule serrée continuait à manifester un profond mépris.

— Ah! s'écria M. Pardessus, j'ai une idée qui cadre parfaitement avec la nomenclature d'un établissement scientifique... A partir d'aujourd'hui, vous appellerez l'animal Leo... Ce nom offre de nombreux avantages. Facile à retenir pour les ignorants, les savants également en apprécieront la valeur; l'animal en sera touché, car le mot est doux... Leo! Voilà une idée! Comment se fait-il qu'aucun des professeurs du Jardin du Roy n'y ait songé jusqu'ici?

Plein de son idée, M. Pardessus s'avança près de la cage, et essayant de faire passer dans sa voix de paon l'émollient qui y manquait :

— Leo! s'écria-t-il.

L'animal ne parut pas sensible à cette appellation, et, sans respect, tourna le dos à l'administrateur.

—.Leo! Leo! reprit M. Pardessus en avançant le bras dans la direction de l'animal pour bien lui faire comprendre que c'était à lui qu'il daignait s'adresser.

Avec indifférence le lion resta étendu sur le plancher de la cage, inclinant la tête du côté opposé à l'administrateur.

Ce que peut exprimer de regrets un condamné à être incarcéré pour la vie se lisait dans les yeux de l'animal, rougis autant par la tristesse que par l'échauffement résultant d'un étroit cabanon.

Sur cette face majestueuse était inscrit un mépris absolu pour tout homme, ignorant ou savant. Grave et plein de dignité, rappelant les grands sphinx des sables égyptiens, l'animal, quand il ouvrait ses paupières fatiguées, semblait regretter ses courses dans le désert, à l'état libre, le vent soufflant dans sa crinière.

Une troisième fois, M. Pardessus reprit avec sa voix de bois : « Leo! Leo! » en agitant les bras.

Le lion souleva sa lourde queue, et lourdement la laissa retomber sur les planches.

—Vous voyez! s'écria l'administrateur triom-

phant. L'animal commence à me comprendre...
Je me doutais qu'il ne resterait pas insensible
à ma voix... Leo! Leo!

Le lion poussa un tel rugissement que
M. Pardessus sauta en arrière de trois pas.

Un peu pâle, il ajouta :

— Leo me répond, vous l'entendez.

Les deux gardiens avaient échangé un coup
d'œil. Quand M. Pardessus se rapprocha de la
cage :

— Prenez garde, monsieur le directeur, le
lion est agacé, dit le brigadier.

— Qu'importe! il se fera à ce nouveau nom,
répondit M. Pardessus. En voilà assez pour
une séance, je reviendrai demain.

Quand l'administrateur fut parti :

— Pauvre Jacques! s'écria le gardien qui,
chargé de veiller à la nourriture de l'animal,
compatissait à la bête dont la tristesse annonçait une fin prématurée.

Les gens du peuple ont de ces délicatesses.
De sentiments simples comme les animaux, ils
les comprennent. M. Minoret avait conservé la
simplicité des grands savants et ainsi il réussit à
se faire aimer du lion, quand M. Pardessus ne

devait en recueillir que la maussaderie. Les animaux ont également leur façon de comprendre les gens.

Pendant une quinzaine, l'administrateur eut la persévérance de rendre visite au lion. Il espérait arriver au même résultat que M. Minoret, présenter lui-même l'animal au ministre, se faire donner la patte et en même temps la croix.

Pour arriver à son but, le directeur avait fait diminuer chaque jour par l'économe un peu de la ration de viande de l'animal, prétendant le rendre docile par ce moyen.

A quelque temps de là, M. Pardessus reçut avis officiel de la visite sous huitaine du ministre au Jardin du Roy. Les narines de l'administrateur frissonnèrent de joie à la venue du pli cacheté apporté par un soldat de la garde suisse. Appuyant la lettre contre sa poitrine, M. Pardessus semblait comprimer les battements de son cœur.

Heureusement, le fonctionnaire était seul lorsqu'il reçut la grande enveloppe solennelle, décorée d'un cachet de cire rouge, large et épais, gloire des anciennes administrations.

4.

Une émotion se produisit à un tel degré d'intensité sur la face de M. Pardessus, qu'à diverses reprises il essuya son front avec la batiste de son mouchoir.

La venue du ministre! Quelle gloire pour le directeur du Jardin du Roy!

M. Pardessus se leva, ne pouvant tenir assis. Il se voyait entouré de son état-major de professeurs, attendant à la grille de l'établissement le personnage considérable qui daignait, par sa présence, témoigner d'un vif intérêt pour le Muséum.

Eh bien! non, l'administrateur ne recevrait pas l'Excellence à la tête des savants de l'établissement! Tous ces professeurs, pétris de vanité, chercheraient à intercepter les regards du ministre, quand lui seul, M. Pardessus, devait être honoré de leur rayonnement. Ne valait-il pas mieux consigner chaque chef de service dans son département et fatiguer de telle sorte le noble visiteur que, harassé par ses courses dans le Jardin, il se refuserait lui-même à prolonger sa visite?

Deux hommes étaient particulièrement dangereux, d'abord le frétillant professeur d'électricité; il se glissait, comme un furet, à travers les groupes les plus compacts et se trouvait toujours en lumière au premier plan, quand hiérarchiquement il devait occuper un rang plus modeste. Aussi M. Drelincourt avait-il accaparé un nombre considérable de rubans et de croix au détriment de ses collègues, et il était indécent de voir la poitrine de ce petit être chétif accumuler dans un si étroit espace les décorations de l'Occident et les plaques de l'Orient.

Un autre personnage était à craindre, quoiqu'il affectât une attitude modeste et que le revers de ses habits n'offrît que peu de marques honorifiques. Mais les hommes n'avaient pas de secrets pour M. Pardessus. C'était un étalage calculé de modestie que celui de M. Minoret jouant l'absorption des grands savants, absorption beaucoup trop considérable pour un simple professeur d'anthropologie.

Lui aussi, M. Minoret, était intéressé à double titre à cette visite, car le ministre avait demandé à voir le lion apprivoisé par ce savant, et M. Pardessus s'arrangerait de telle sorte que, tout au début de l'arrivée du grand dignitaire, avant qu'il pût dire une parole, il serait appelé à constater à quel degré avait été poussée par l'administrateur la domestication du félin.

Plein de confiance et souhaitant que le carnassier pût offrir sa patte au ministre, ce qui était le comble d'un apprivoisement bien entendu, M. Pardessus interrogea à diverses reprises le brigadier de service du quartier des fauves.

— Comment fonctionne Leo? demandait-il.

— Pas plus mal, monsieur l'administrateur, quoiqu'il ait passablement dépéri depuis quelque temps.

— Je n'entends pas présenter au ministre un animal en mauvaise santé.

— Monseigneur le ministre doit donc venir? demanda timidement le gardien.

— Mais vraiment, vous faites à votre supérieur des questions déplacées... Le ministre!... Est-ce que j'ai parlé du ministre? J'ai peut-être dit que Son Excellence s'intéressait à la conservation des animaux du Jardin du Roy; car j'en ai la haute direction et je suis, jusqu'à un certain point, responsable de leur hygiène.

Le gardien ayant fait mine de sortir :

— Ne sortez pas, j'ai une idée.

Les idées de M. Pardessus se reconnaissaient à ce signe particulier qu'elles n'appartenaient en quoi que ce soit à la classe des idées ; mais il n'en était pas moins très fier d'une qualité dont il s'octroyait bénévolement et pour son usage exclusif le brevet.

— Auriez-vous remarqué, demanda-t-il au gardien, quelque sournoiserie dans le caractère de Leo ?

— Monsieur le directeur, l'animal est très franc d'habitude.

— Certainement, je me plais à reconnaître à Leo une certaine franchise, et votre attestation renforce mes propres observations ; cependant Leo est violent... Les pères de l'histoire naturelle sont d'accord sur ce point : carnassier franc, mais violent. Je ne voudrais pas exposer d'illustres visiteurs à ses brusqueries, vous comprenez ? Aussi, en y songeant la nuit dernière, c'est alors que m'est venue en tête l'idée qui m'a fait vous appeler... Il s'agit de rogner les ongles de Leo.

— Oh ! monsieur le directeur ! fit le gardien.

— Eh bien, vous reculez devant l'exécution de mon idée?... Une opération des plus simples, pourtant!

Le gardien regardait M. Pardessus comme s'il eût engagé l'administrateur à tenter lui-même l'opération.

— Ce sera bientôt fait de rogner les ongles des quatre pattes.

Le gardien secouait la tête.

— Vous êtes toujours embarrassé pour des vétilles, dit M. Pardessus... Leo est à la demi-portion, n'est-ce pas? A partir d'aujourd'hui, vous enlèverez un quart de cette demi-portion.

Le gardien se retira avec l'attitude d'une mère à qui on commanderait de donner à téter seulement une fois par jour à son enfant.

Le lendemain matin, M. Pardessus alla voir le lion, qui était tout à fait abattu, ne comprenant pas pourquoi, après lui avoir enlevé sa liberté, on le privait actuellement de sa ration habituelle. Le pauvre animal avait perdu son caractère solennel et manquait de noblesse. Avachi sur le plancher, il se sentait au pouvoir d'ennemis acharnés à sa perte. Sa crinière pendait emmêlée. A quoi bon faire sa toilette?

Pour d'implacables adversaires! L'animal avait le sentiment de sa défaillance. Par le grillage passait une de ses pattes, inerte.

M. Pardessus s'avança à pas de loup, un doigt sur les lèvres, commandant le silence aux gardiens ; puis il parla à voix basse au brigadier.

— Tout de suite, dit-il, tout de suite.

M. Pardessus regardait le lion et se frottait les mains avec une telle expression de contentement, qu'il fallait qu'une idée triomphante l'agitât. Le lion, lui, manquait complètement d'idée, mais non de mélancolie. Il respirait difficilement et le jeu de ses poumons agitait à peine ses flancs.

— Bon ! s'écria M. Pardessus en voyant arriver deux ouvriers à la suite du messager qu'il avait dépêché... La corde est solide... Faites-moi un bon nœud coulant... Parfait... Attachez la patte de Leo au grillage... Et serrez ferme !

Le lion se laissa faire. Il était au pouvoir d'un bourreau.

— Et vous, dit M. Pardessus en fouillant dans la sacoche de cuir d'un des ouvriers et en prenant des outils, limez les ongles de la patte... C'est on ne peut mieux... L'animal est fort docile... Il est vraiment complaisant, ce Leo, qu'on accusait d'emportement.

Sur l'ordre de l'administrateur, deux gardiens entrèrent par la porte de derrière du cabanon, armés de pieux en fer destinés à mater l'animal, s'il faisait mine de résister.

Poussé en avant de la cage par les gardiens, le lion essaya de se relever; mais il n'y put réussir, sa patte de devant étant liée en biais. L'opération consistait à faire passer une seconde patte par les barreaux de la cage. Le lion n'opposa aucune résistance à cette manœuvre; il semblait obéir à la voix de M. Pardessus, qui lui parlait avec une aménité toute particulière.

— Là, mon petit Leo, là, là!

Les autres pattes furent successivement soumises à la même opération. Le lion se laissait faire comme un veau. M. Pardessus était triomphant; il allait pouvoir impunément toucher les pattes de l'animal, ce qu'il fit, du reste, avec la précaution d'un mineur mettant le feu à une mèche. Étant revenu diverses fois à la charge, et s'enhardissant jusqu'à prendre dans la main une patte du lion :

— Je savais bien, dit-il, que j'arriverais à apprivoiser Leo... Maintenant, déliez les cordes.

Quand la torture fut terminée, après le débouclement des nœuds, le lion se releva, jeta un coup d'œil de côté sur l'administrateur et fit le tour du cabanon, essayant de marcher sans les crampons naturels dont l'avait privé l'invention de M. Pardessus.

— Bien, mon brave Leo, tu seras récompensé de ta docilité... A partir d'aujourd'hui, la demi-ration est rétablie... De plus, dit l'administrateur en s'adressant au gardien-chef, vous mélangerez à sa nourriture un gramme d'arsenic, pour que son poil reprenne quelque éclat... Il est inutile de parler de ce détail à M. Francazal, le chef du service des fauves.

— Mais, monsieur le directeur, si M. Francazal apprend que j'ai ajouté de l'arsenic à la ration du lion?

— Ne suis-je pas l'administrateur?... Pas un mot de ceci, vous entendez... Je connais les animaux, leur fort et leur faible... M. Francazal, d'ailleurs, s'occupe médiocrement des carnassiers placés sous sa direction... Il préfère aller faire antichambre dans les ministères...

Deux jours après cette opération, la venue du ministre était annoncée, et un avis de M. Pardessus enjoignait à tous les chefs de service de rester au siège de leur département jusqu'à ce qu'ils fussent mandés par ordre de Son Excellence.

Le long du quai, jusqu'au pont de la Tournelle, des gardiens avaient été placés à une distance d'une demi-portée de fusil, formant un télégraphe vivant qui devait annoncer la venue du ministre.

Tout le personnel était en grande tenue. Le jardin avait été balayé avec un soin particulier, la litière des animaux renouvelée, et une inspection sévère passée de tous les arbres malades, pour renouveler leurs emplâtres. C'était un mouvement inaccoutumé à l'intérieur des logements des professeurs.

Enfin la voiture du ministre fut signalée; elle franchit au galop la montée de la rue Saint-Victor, au grand émoi des habitants du quartier, que troublaient rarement un équipage princier, des valets en livrée, et un état-major d'élégants petits jeunes gens, qui accompagnaient le ministre dans ses tournées.

M. Pardessus attendait à la grille, vêtu d'un habit noir à la française, de culottes courtes, la jambe moulée dans d'irréprochables bas de soie noire, les souliers relevés par une boucle enrichie de diamants. Les gardiens portaient l'habit rouge, la cravate et les gants blancs.

La voiture de l'Excellence s'arrêta; mais M. Pardessus ne voulut pas laisser au valet de pied l'honneur d'ouvrir la portière et d'offrir la main au ministre pour l'aider à franchir l'espace qui séparait le carrosse du trottoir.

Elles étaient plus admirables que de la part de tout autre les génuflexions de l'administrateur, qui tenait du tambour-major pour la taille, et dont les saluts respectueux affectaient de savantes courbes.

Sous le prétexte de soustraire le haut fonctionnaire à la foule émerveillée de cette glorieuse entrevue, M. Pardessus entraîna le ministre dans son cabinet.

— Messieurs, dit le ministre en s'adressant à son état-major de petits jeunes gens, veuillez faire un tour dans le Jardin du Roy pendant que j'aurai le plaisir de m'entretenir avec monsieur l'administrateur; ne vous éloignez pas et tenez-vous prêts à me rejoindre dans quelques instants.

En se rendant chez M. Pardessus :

— Bel établissement, bien tenu, dit le ministre.

— C'est à force de soins, de recommandations, monseigneur ; si mon budget le permettait, je rêve encore d'importantes améliorations, qui permettraient au Jardin du Roy d'éclipser les établissements européens du même ordre.

— Je fais un cas particulier de vous, monsieur l'administrateur, et je suis disposé à vous accorder tout ce qui sera en mon pouvoir.

Après avoir débarrassé l'Excellence de son chapeau :

— Je m'efforce de travailler pour la gloire d'un monarque chéri, dit M. Pardessus en s'inclinant devant le buste de Charles X qui, béatement, assistait à cette scène... Et s'il m'était permis d'adresser une demande personnelle à Votre Excellence, ce serait d'obtenir du directeur du mobilier de la Couronne qu'il voulût bien renouveler les meubles défectueux de mon cabinet... N'est-il pas, en ce moment plus que jamais, indigne de Votre Excellence?

— C'est entendu, mon cher administrateur, dit le ministre.

— Les prises d'eau laissent également à désirer, monseigneur... Permettez-moi de vous en donner un exemple... Voici un robinet pour faire quelque toilette après mon travail de la journée. L'eau arrive en abondance pour les animaux; son volume est irrégulier pour mon usage particulier; parfois, ce robinet laisse à peine tomber quelques gouttes.

Le ministre regarda M. Pardessus avec inquiétude. La conversation se continuait, dans laquelle il n'était question que par échappées du Jardin du Roy, tandis que la personnalité de l'administrateur s'étalait, persistante, avec un abus excessif du moi.

M. Pardessus semblait prendre le ministre pour un architecte vérificateur; aussi le haut fonctionnaire, impatient et distrait, croisait ses jambes, les décroisait, secouait la tête, avançait la main, faisait des signes d'acquiescement à chaque mot que le verbeux directeur laissait couler de ses lèvres, s'imaginant, dans sa naïveté, que ses paroles produisaient le plus grand effet sur l'esprit du ministre. Il était complet dans sa minutie l'administrateur, qui parlait buanderie, chapeaux à cornes des gardiens, paperasserie, et qui paraissait oublier complètement les collections du Muséum. Étranger aux éléments les plus simples de l'histoire naturelle, M. Pardessus, habituellement en contact avec ses bureaux, ne parlait que de correspondance, de règlements, d'arrêtés.

Le ministre le remit sur la voie.

— Je vois, cher monsieur, avec quel ordre fonctionne votre administration ; l'immense quantité de détails qui absorbe votre intelligence le prouve...

— Oh ! monseigneur, combien le mot est juste... Détails absorbants, considérables... Si vous le permettez...

Le ministre jugea à propos de ne pas permettre.

— A une prochaine visite, dit-il, je ne manquerai pas de dévider cet écheveau avec votre aide ; aujourd'hui, je désire visiter les animaux... Vous êtes entouré de savants à qui, sans doute, vous avez fait part de ma visite ; je tiens à les complimenter moi-même... J'ai, malheureusement, peu de temps à consacrer à nos grands établissements royaux.

Le ministre se leva. Cette fois, M. Pardessus comprit qu'il était temps de donner au ministre son chapeau. Alors lui revint le souvenir du lion, qui lui était complètement sorti de l'esprit pendant qu'il s'appesantissait sur la matière administrative.

En sortant du cabinet, le ministre fut entouré par le groupe des petits jeunes gens de l'état-major, qui l'attendait. Prenant familièrement le bras de l'un d'eux :

— Charles, dit-il, laissez-moi m'appuyer sur votre bras.

Et il lui souffla à l'oreille :

— Vous me garantirez contre ce M. Pardessus, qui est un fâcheux insupportable.

M. Pardessus était épanoui. Il eût entendu l'opinion professée sur sa personne par le ministre, qu'il n'en eût pas cru ses oreilles.

Le cortège parcourut les allées, l'administrateur en tête, se redressant dans toute la longueur de sa sottise, et prenant plaisir à l'étaler, complète.

— Monseigneur, dit M. Pardessus en arrivant dans le quartier réservé aux fauves, permettez-moi, avant la tournée dans les divers services, de vous montrer des essais d'apprivoisement que j'ai tentés cet hiver. Un lion, surtout, m'a donné les résultats les plus heureux, ainsi que vous pourrez vous en convaincre.

— Je croyais, monsieur l'administrateur, que M. Minoret s'occupait spécialement de l'animal.

— Pardonnez-moi, monseigneur, si je rectifie ce détail, donné par les journaux... M. Minoret est un simple professeur d'anthropologie ; il lui reste peu de loisirs pour la difficile entreprise d'une domestication, lente à obtenir... Quelques essais étrangers ont pu être tentés, mais qui ne sont rien, en regard des résultats obtenus par moi.

— Vous réunissez tous les talents, cher monsieur, dit le ministre.

M. Pardessus s'inclina, sans se rendre compte du ton dont ces paroles étaient dites.

Le cortège se trouvait alors face à face avec une hyène rayée, qui ne paraissait pas vouloir s'incliner devant le ministre et bâillait à faire décrocher la mâchoire à l'Excellence.

— *Hyæna vulgaris*, dit avec mépris M. Pardessus, s'efforçant de masquer les malhonnêtes félins, qui ne se gênaient pas pour accomplir leurs actes naturels.

Heureusement, le ministre avait sur lui un flacon de sels qu'il aspirait avec avidité.

— Voici l'animal qui était, il y a quelque temps encore, le plus indomptable de la série, dit M. Pardessus en faisant ranger le cortège devant la cage du lion ; je l'ai réduit à une soumission absolue... Il est doux comme un mouton et reconnaît ceux qui le traitent avec bienveillance ; c'est ainsi que, peu à peu, j'ai pu l'amener à laisser sa patte dans ma main assez de temps pour pénétrer en lui et connaître ses impressions intimes.

— Vous êtes un administrateur doublé d'un dompteur, cher monsieur, dit le ministre.

Après quelques courbes prolongées, qui n'étaient pas de simples courbettes :

— Leo ! Leo ! appela M. Pardessus... Beau, beau, Leo !

Le lion avait repris un peu de sa mine majestueuse, sauf deux rigoles humides à l'angle des yeux.

— Leo, soyez aimable avec votre maître, dit M. Pardessus.

Le lion arpentait son cabanon de long en large, aussi dédaigneux que si un « camelot » du boulevard lui eût offert une lorgnette en location pour voir représenter un drame.

— Hé! hé! fit M. Pardessus, la patte, mon petit Leo, la jolie patte à ce maître.

Véritablement on eût servi au lion une sardine pour son déjeuner qu'il n'eût pas témoigné un plus vif dédain.

M. Pardessus, froissé de ce manque d'obéissance, l'indiqua par un clappement de langue, t', t', t', t', qui équivalait à une réprimande.

Le ministre considérait le lion avec intérêt; mais l'état-major des petits jeunes gens commençait à sourire des vains efforts de M. Pardessus, qui ressemblait en ce moment à un démonstrateur de physique amusante, dont aucun tour ne réussit.

Blessé de la résistance du lion, M. Pardessus prit un ton plus sévère.

— Ici, Leo, tout de suite, je l'ordonne!

Ce commandement fut suivi d'un hurlement effroyable. Du fond de son cabanon, où l'animal se tenait, il s'était précipité, tête en avant, contre les barreaux de la cage, et quoique les tiges de fer furent épaisses, elles avaient ployé en faisant entendre un violent déchirement de bois du plancher.

D'un bond en arrière, M. Pardessus était retombé sur le ministre. Tout l'état-major des petits jeunes gens attachés au cabinet prit sa volée par les différentes issues du corridor, et lui-même le ministre en eût fait autant si le poids du corps de M. Pardessus ne l'eût collé à la muraille.

En constatant l'inefficacité de sa poussée contre les barreaux, le lion se laissa aller à toute sa colère et la fit partager aux hyènes, aux tigres et aux jaguars, ses compagnons d'infortune. Jamais plus effroyables rugissements n'avaient troublé le tranquille Jardin du Roy. C'étaient des bondissements dans toutes les cages, des yeux enflammés, des gueules menaçantes, des cris qu'on n'entend que dans le désert. Les gardiens couraient effarés, ne sachant quels étaient les acteurs les plus dangereux de cette insurrection.

Au dehors les petits jeunes gens de l'état-major étaient sortis blêmes, en criant : Le lion est échappé !

Autour des cages des carnassiers se tassait la foule habituelle d'honnêtes provinciaux, de bonnes d'enfants, de militaires qui regardaient avec une quiétude parfaite les animaux encagés.

Une trombe qui s'abat sur une forêt de sapins, les casse par le milieu, le terrible cri : *Au feu !* dans une salle de spectacle, ne produisent pas d'effets plus effrayants que : *Le lion s'est échappé de sa cage !*

Toutes les jambes s'envolèrent dans toutes les directions ; tous les dos se courbèrent. Ce fut un sauve-qui-peut général semblable à celui d'une armée en déroute.

Trois étroites avenues aboutissent à l'angle du bâtiment des félins. A l'entrée d'une de ces avenues, une marchande tient un petit commerce de pains de seigle, destinés à être offerts aux animaux ; en face une autre marchande est assise derrière une table chargée de carafes de citronnade et de coco pour les enfants. Les deux marchandes et leurs étalages furent renversés par la foule et rejetés en face du kangouroo rouge, fort étonné d'être troublé dans ses méditations, pendant que la biche d'Aristote, dont les cloisons protégeant le petit domaine étaient brisées, regardait avec stupéfaction les débris du commerce de boissons projetés violemment à ses pattes.

Quelques gens affolés de terreur s'étaient réfugiés, en escaladant les palissades, dans la cabane rustique du mouflon de l'Himalaya ; par la fenêtre du premier étage de cette construction se montraient des têtes désespérées d'avoir perdu leurs chapeaux, car les allées du Jardin du Roy étaient noires de feutres, à faire la fortune de plusieurs chapeliers.

D'autres fuyards étaient grimpés sur un micocoulier, et n'avaient pas craint d'étreindre convulsivement l'arbre délicat, le *stypznolobium japonicum*.

Un escadron de cuirassiers balayant une rue un jour d'émeute, n'eût pas produit plus d'effroi. Seule restait calme la girafe, nouvellement arrivée dans la capitale ; appuyant ses pattes de devant contre le grillage de son enclos, la girafe cherchait à grouper dans son crâne étroit les motifs qui pouvaient mettre en fuite tant de Parisiens.

Il n'est pas d'oiseaux plus philosophes que les flamants, les goélands et la bande des échassiers. Endormis sur leurs longues pattes, ils semblent des saint Siméon réfléchissant du haut de leur colonne sur les vicissitudes humaines ; d'habitude, ils savent vivre en paix avec les tapageuses mouettes rieuses ; mais leur domaine tranquille n'est jamais troublé par l'homme. Le cri : *Le lion s'est échappé de sa cage*, avait empêché de respecter la méditation des échassiers. Des fuyards, croyant trouver leur salut dans la pièce d'eau qui sert aux ébats de toutes ces familles d'oiseaux, avaient mis en fuite les goélands à manteau bleu, les flamants d'Égypte, dont la queue rose, enflammée comme un coucher de soleil, apparaissait dans la verdure des arbres voisins.

En voyant fuir tous ces gens affolés de terreur, ceux qui arrivaient par le quai ou la rue Saint-Victor rebroussaient chemin, et les cochers fouettaient leurs chevaux avec mille jurons, craignant de voir déboucher, prêts à n'en faire qu'une bouchée, les animaux les plus carnassiers de la création.

Dix minutes plus tard, tout Paris se disait que le Ministre de l'Instruction publique avait été dévoré, en compagnie des professeurs du Jardin du Roy, par la lionne du Soudan. L'opinion publique flottait seulement entre cette lionne affamée et l'ours noir du Canada, regardé comme plus féroce encore.

Si la nouvelle eût été connue à la Bourse une demi-heure plus tôt, les fonds eussent baissé par suite de la dislocation naturelle d'un ministère peu populaire, qu'entraînait à un remaniement profond l'un de ses membres dévoré au Jardin du Roy.

Il n'existait pas à cette époque de journaux du soir ; aussi, à la suite d'ordres donnés par le Préfet de police, immédiatement des marchands de « canards » furent lancés dans les rues et faubourgs, qui relataient les événements dont le Jardin du Roy avait été le théâtre.

Grande fureur du lion à la ménagerie ! Danger couru par le ministre de l'Instruction publique ! Animal féroce vaincu !!! formaient les éléments des titres que hurlaient les vendeurs de ces placards. Ils obtinrent peu de succès. Un ministre dévoré par un lion eût offert quelque intérêt. Les barreaux de la cage du lion avaient malheureusement résisté. Les Parisiens riaient de la terreur qu'avait dû éprouver le ministre, et la fuite des badauds du Jardin des Plantes devait donner naissance, quelques jours après, à d'amusantes caricatures à l'étalage de Martinet.

VIII

LE CORRIDOR-QUI-PARLE

Un long corridor reliait entre eux les appartements des professeurs du Jardin du Roy, un corridor aux murs blancs bordés de brun sombre. Le jour y pénétrait par une succession de hautes fenêtres arrondies et fermées de petites vitres verdâtres qui, par leur antiquité, eussent mérité d'être conservées dans un musée d'anciennes verreries. Deux escaliers aboutissaient à ce couloir-artère, et des portes s'ouvraient à égale distance, formant ombre par leur enfoncement et détruisant la monotonie de longues murailles qui paraissaient sans fin.

Une tranquillité monacale semblait attachée à ce lieu ; seuls les pas des rares êtres foulant les briques du carrelage éveillaient les échos du plafond. Un philosophe, détaché des obligations du monde, eût souhaité habiter cet endroit ; un esprit religieux y eût puisé le calme nécessaire à l'âme qui implore et prie. Qui n'eût rêvé de poursuivre dans ce promenoir un des problèmes qui se posent dans la vie des penseurs, la gouvernent et parfois la fécondent ?

Il n'était pas besoin de portraits ni de bustes accrochés aux murs du corridor. Le souvenir d'illustres savants des siècles passés s'y reflétait plus vivace que par des images. Là avaient laissé des traces lumineuses nombre d'hommes marquants par la profondeur de leur entendement ; dans ce promenoir, l'intérieur du globe terrestre avait été fouillé, avec les yeux de l'esprit, par des natures méditatives, à qui la solitude et le recueillement communiquaient une seconde vue indispensable à la science.

Et pourtant ce promenoir du Jardin du Roy, si calme en apparence, eût pu être appelé par les poètes chinois : « Le corridor de l'agitation. » C'était sur ses murs que semblait s'imprimer la gazette de l'établissement, en caractères acerbes.

Dans le corridor, qui reliait divers services et aboutissait par une extrémité au logement du directeur, accouraient les porteurs de nouvelles de la journée ; là se rendaient des juges d'instruction qui ouvraient le dossier de chacun pour le grossir d'erreurs, de méfaits scientifiques ; là des esprits agiles se livraient à de prodigieuses inductions et en exprimaient des déductions plus prodigieuses encore. Dans le corridor se réunissaient d'habiles opérateurs qui savaient couper un cheveu en mille et livraient ces fragments à des analyses minuscu-lissimes. Le corridor était la bouche de fer du Jardin du Roy, l'endroit des dénonciations soufflées à voix basse par des agents secrets qui, de même que dans les drames, rentraient dans les murs sans laisser trace de leur passage.

Quand un rayon de soleil entrait dans le corridor par une fenêtre, toutes sortes d'atomes tourbillonnaient dans sa projection lumineuse ; si un chimiste l'eût analysé à sa sortie, il eût constaté que le rayon solaire était chargé de nouvelles irritantes, de propos fâcheux, de commentaires malveillants de toute nature.

La nouvelle de la tentative de rupture des barreaux de sa cage par le lion s'étant répandue immédiatement dans les divers services du

Jardin du Roy, elle y fut accueillie d'une façon singulière par tout le personnel en qui germa la même coupable pensée : Quel malheur que M. Pardessus n'ait pas été étranglé par le lion !

Ce qui n'empêcha pas les professeurs de courir individuellement au cabinet du directeur pour le congratuler sur l'heureuse issue de l'événement ; mais déjà M. Pardessus était parti. Des cartes de visite furent déposées dans les mains du gardien de service ; même quelques naturalistes s'étonnaient qu'un registre n'eût pas été préparé pour y coucher leurs paraphes certifiant qu'ils étaient venus en personne féliciter leur chef d'avoir échappé à un si grand danger.

Tous les professeurs avaient voulu visiter le théâtre du drame, constater la torsion des barreaux de la cage et se rendre compte de l'état normal du criminel auteur de cette tentative de meurtre. C'étaient des exclamations de pitié, des attitudes affaissées, de mornes silences, de faux regards chagrins échangés entre ceux des savants qui tenaient à faire constater par les gardiens qu'ils avaient fait preuve d'un intérêt marqué pour la personne de l'administrateur.

Lorsque ses collègues eurent terminé une inspection sur laquelle ils pouvaient avoir à donner leur opinion, M. Minoret rompit le premier le silence.

— A l'arrivée du lion au Jardin du Roy, si un pareil accès de rage s'était emparé de l'animal, certainement les barreaux de la cage eussent été rompus.

— Que serait devenu Son Excellence le ministre? disait-on en levant les bras au ciel.

— Que serait devenu M. Pardessus? répétaient quelques-uns avec un accent de compassion travaillée.

La vérité est que personne n'osait exprimer ses pensées dans l'établissement. Pourtant, dans le Corridor-qui-parle, une ombre de sincérité devait prévaloir sur ces prétendues marques de sympathie.

On savait qu'à l'issue de l'événement M. Pardessus était parti en voiture. Évidemment il plaidait, en ce moment, sa cause au ministère. Son absence devait être longue. On en profita pour gloser du fait en toute liberté, car on savait que l'administrateur ne goûtait pas ces sortes de conciliabules, attentatoires à sa puissance directoriale.

— C'en est fait de M. Pardessus, dit, en y joignant une cabriole, de joie le professeur de physique végétale à M. Minoret, qu'il savait ne devoir pas le trahir. L'administrateur a échappé au lion, il n'échappera pas à l'opinion.

— Comment cela? dit M. Minoret.

— Vous ne comprenez pas qu'à l'heure qu'il est le ministre a demandé à M. Pardessus sa démission?

M. Drelincourt sauta en l'air et retomba sur ses pieds, dans une pose suppliante qu'eût admirée un clown.

— Vraiment! s'écria M. Minoret qui déjà pensait à autre chose.

— Vous êtes candide, mon cher collègue... Le ministre a eu une peur bleue. Il doit s'estimer heureux si un ictère ne s'attaque pas aux téguments, à la conjonctive, à la suite d'une pareille commotion... Mieux vaudrait pour M. Pardessus que lui et le ministre eussent été réduits en bouillie par le lion... Un haut dignitaire ne pardonne pas à un subalterne de le rendre ridicule... Il est indécent de se présenter au conseil présidé par le roi avec une tête d'ictérocéphale.

M. Boutibonne, le géologue, traversait le corridor, comme par hasard.

— Que parlez-vous de jaunisse? demanda-t-il... Quelqu'un en aurait-il été atteint à la suite de l'événement?

— Hypothèse vraisemblable dont est menacé le ministre... Rien de plus grave, reprit M. Drelincourt; on en arrive fatalement à ne pas voir l'humanité en rose, et à la suite...

Le professeur de physique fit une pirouette terminée par un geste semblable à un grand coup de balai.

— Et tous les hommes sous la coupe du ministre peuvent être victimes de ce fâcheux état de santé? demanda M. Boutibonne. N'est-ce pas là ce que vous voulez dire?

Le géologue comprenait bien la conclusion du discours de M. Drelincourt; mais prudemment il ne voulait pas la tirer lui-même, pour n'avoir pas à y ajouter le nom de M. Pardessus.

— Que dira le roi du rôle ridicule qu'a joué son ministre, ajouta M. Drelincourt, quand bien même Son Excellence ne se plaindrait pas du fâcheux accueil qu'il a trouvé au Jardin du Roy?

— Heureusement, dit M. Boutibonne, notre modeste position nous empêche d'être atteints...

— Il y aura du changement dans l'établissement, dit M. Drelincourt en tournoyant sur lui-même.

Comme il faisait volte-face, il heurta le savant M. Comparet qui arrivait, tête basse, à pas comptés, comme s'il n'avait pas entrevu ses collègues qui lui barraient le passage dans l'étroit corridor.

— Vous dites, monsieur Drelincourt? demanda-t-il.

— Je ne dis rien, reprit le professeur de physique qui se défiait du professeur Comparet, aussi muet que les poissons dont il avait la garde. Nous formions des conjectures vraisemblables sur l'état de choses actuel... C'est-à-dire qu'un établissement royal aussi important que celui-ci peut être compromis par la fâcheuse aventure de l'après-midi.

— En tout cas et sans m'immiscer dans de si graves commentaires, dit le professeur d'ichtyologie, ce n'est pas le moment, je crois, qu'il faudrait choisir pour demander une augmentation d'appointements.

— Voilà ce qu'il en coûte, disait M. Drelincourt qui ne pouvait pas plus modérer sa langue que ses gestes, de nous claquemurer dans nos services... Si, de même qu'un état-major entourant son général, nous avions été appelés à recevoir le ministre au seuil de l'établissement, nous l'aurions accompagné dans le quartier des félins et, même nous fussions-nous tenus respectueusement à l'écart, que nous nous serions précipités au-devant du danger, formant une muraille de nos poitrines contre la férocité extraordinaire de ce lion.

— Extraordinaire, s'écria M. Minoret sortant de ses rêveries. Peut-il être dit extraordinaire l'emportement d'un animal qu'on a mutilé honteusement?... Ce pauvre Jacques s'est laissé limer les griffes par un homme sans pitié... Et vous appelez férocité une vengeance légitime! Que diriez-vous si on vous arrachait les ongles, et que pensera le public s'il est informé d'un tel fait? Que nous sommes des bourreaux et que la science dont nous faisons montre n'est qu'un prétexte à froides cruautés...

L'honnête savant était devenu pâle en prononçant ces paroles ; ses membres tremblaient d'indignation.

— Calmez-vous, mon cher collègue, disait M. Francazal.

— L'expérience n'a pas été tentée méchamment, ajoutait M. Boutibonne.

— C'était une surprise qu'on ménageait au ministre, reprenait M. Comparet.

Toutes sortes de raisons et de mauvaises raisons étaient mises en avant par certains professeurs, qui savaient exciter la bile de leurs confrères nerveux en feignant de prendre la défense de M. Pardessus. Toutefois, les arguments pour et contre semblant épuisés et le colloque ayant lieu sur le terrain des abus, il n'y avait plus de majorité applaudissant quand même aux actes de l'administrateur. La chute de M. Pardessus semblait imminente. Le lendemain, certainement, le *Moniteur officiel* annoncerait sa mise à la retraite.

Les professeurs avaient jeté le masque de la soumission et cherchaient dans quels rangs se recruterait le nouvel administrateur. De quelle planète tomberait-il? Serait-ce un travailleur ou un sinécuriste que le ministre choisirait, un homme de science ou un ignorant?

A part M. Minoret, chacun se disait intérieurement : — C'est un savant qui doit être choisi pour remplir ce poste, et c'est moi qu'il faut choisir parmi les hommes de science.

Avec chaque nouvel arrivant, la conversation recommençait sur de semblables redites; mais il était curieux de voir les nouveaux entrer dans la discussion avec la précaution d'un chat obligé de tremper sa patte dans l'eau pour y puiser sa nourriture.

Un conclave pour la nomination d'un pape n'est pas plus solennel. On avançait un pion, on le retirait immédiatement. Une parole significative lancée amenait aussitôt un prudent correctif.

L'heure s'avançait. Les portes s'ouvraient dans l'enfoncement du corridor. Une tête de servante apparaissait pour indiquer aux professeurs que l'heure du dîner était arrivée ; mais ils n'osaient se disperser, craignant d'en avoir trop dit et certains que, pendant leur absence, ceux qui tiendraient bon jusqu'au bout prendraient acte de leurs accusations imprudentes.

Sept heures avaient sonné à l'horloge du Jardin du Roy.

L'homme de garde était passé avant d'allumer, comme d'habitude, les lanternes du plafond. A cette heure, le Corridor-qui-parle avait l'aspect d'un tribunal de la Sainte-Vehme. L'ombre enhardissait les conjurés les plus timides; ils ne parlaient de rien moins que d'aller trouver le ministre le lendemain, pour lui présenter une adresse constatant l'intérêt que tous portaient à sa santé et combien la science déplorait qu'un tel événement fût arrivé au Jardin du Roy.

Tous étaient d'accord sur certains points : errements de l'administration, budget mal employé, suprématie illégitime des bureaux sur la science, hiérarchie méconnue à tout propos par un autoritaire personnage, établissement royal menacé de ruine, nécessité d'une direction confiée à un savant. Seul, le rédacteur manquait pour rédiger ce cahier de doléances, et, avec le rédacteur, des signataires, et avec les signataires, des délégués pour se rendre chez le ministre.

Tous ces professeurs étaient divisés et avaient,

en outre; de chaque côté des yeux, des œillères qui empêchaient celui qui s'occupait des serpents de reconnaître l'utilité de celui qui avait les oiseaux dans son service; les observateurs des quadrupèdes ne s'inquiétaient en rien de ceux qui étudiaient les bipèdes. La nature, grande et prodigue, qui s'occupe avec autant de sollicitude des entrailles de la terre que des évolutions des astres, la nature qui accorde une égale protection au ciron et à l'homme, à la fleur et à l'insecte, la nature qui commande à l'eau et au feu, à la plaine et à la montagne, devait sourire de ces myrmidons dépensant tant d'efforts pour rehausser à leur profit un petit coin de la création et affirmer que ce petit coin était le seul important, le seul digne d'intérêt.

Elle eût pris surtout en pitié ces âmes pusillanimes, quand M. Pardessus se montra tout à coup au bout du corridor.

Non, l'impétuosité du lion faisant ployer les barreaux de la cage n'avait rien été en face de l'administrateur qui, le regard soupçonneux, plongeait au fond des consciences des conspirateurs timorés.

Ceux des savants qui étaient près des embrasures de portes se tapirent dans l'ombre ; d'autres se collèrent contre les murs, plats et se faisant minces comme une feuille de papier. Le spectre de l'homme qu'on croyait révoqué apparaissait menaçant comme un Alexandre demandant compte à ses généraux du partage de son empire qu'ils préparaient.

— Nous causions de votre santé, monsieur le directeur, dit M. Drelincourt, le plus effronté de la bande.

— Vraiment ! messieurs, je vous en sais gré.

Ce *vraiment* était rendu encore plus significatif par le regard caverneux de M. Pardessus, dont les sourcils épais étaient menaçants.

— Rassurez-vous, messieurs, ajouta-t-il, ma santé est en parfait état... Et puisque j'ai la bonne fortune de vous trouver réunis, je vous annonce une Assemblée pour demain matin, huit heures.

Ce disant, M. Pardessus disparut dans le corridor, laissant les professeurs dans une vive anxiété. Les convoquer le lendemain pour une Assemblée extraordinaire n'annonçait pas un homme prêt à sombrer.

Au plafond du corridor des hirondelles, profitant d'un carreau brisé, s'étaient logées dans les interstices des poutres et y avaient établi leurs nids. Cela était visible; ce qui l'était moins, des paroles restaient collées au plafond à côté des oiseaux. Ce jour-là, les titres de *directeur*, de *lion*, de *ministre*, allèrent grossir les couches de mots déjà épaisses du plafond; le vent qui souffla violemment la même nuit et s'engouffra dans ce long corridor, détacha ces paroles encore mal fixées, *Félin, Excellence, Pardessus*, et les hirondelles, troublées dans leur repos, purent comprendre l'appellation « du Corridor-qui-parle ».

IX

L'ASSEMBLÉE

Ceux qui aiment la sobriété dans le mobilier eussent admiré la grande table ovale à tapis de drap vert, les douze chaises autour d'un fauteuil majestueux, dont l'envergure faisait paraître grêles les sièges cannés ses voisins. La garniture de la table valait le mobilier : douze cahiers de papier blanc, douze encriers, douze plumes, douze crayons et une sonnette de bronze vis-à-vis de l'imposant fauteuil.

Les murs de la pièce étaient ornés de lavis verts et roses d'anciens plans représentant les bâtiments du Jardin du Roy depuis sa fondation. Au-dessus de ces cadres noirs se profilaient les portraits des divers administrateurs et professeurs du passé, tous en habit d'apparat;

quelques-uns, la figure souriante comme il convient à des esprits planant au-dessus des misères de l'humanité; d'autres, la physionomie méditative, privilège des savants voués à la recherche des mystères des sciences naturelles.

Combien les temps étaient changés! Il fallait que les auteurs de ces portraits eussent employé des pinceaux abominablement menteurs, ou que les personnages de l'époque moderne fussent sous le coup d'impressions nerveuses et désagréables lorsqu'ils apparaissaient dans la salle des Assemblées.

A mesure qu'entraient les professeurs, presque aussi verts que les registres que chacun d'eux portait sous le bras, il était impossible de retrouver dans leur manière d'être les philosophes détachés de toute autre préoccupation que celle de la nature. Les uns se serraient la main, par habitude, avec l'ennui visible de ne pouvoir échapper à cet usage; d'autres les lèvres serrées, jetaient un regard de côté sur leurs collègues et prenaient place sur leurs sièges avec une indifférence marquée et la mine de gens qu'un fâcheux dérange. Tous se saluaient froidement et déposaient leurs chapeaux sur le socle de la statue d'Aristote, la seule sculpture qui décorât la salle ; mais l'œuvre que les professeurs admiraient le plus dans Aristote, doyen des sciences naturelles, était évidemment son *Traité de la politique*, que chacun interprétait à sa façon dans l'établissement et rajeunissait à l'aide de quelques gouttes de Machiavel.

Ce jour-là, l'Assemblée extraordinaire décrétée par M. Pardessus avait modifié les physionomies des professeurs sans les rendre plus ouvertes. Un mystère planait à la suite de la visite du ministre. L'administrateur ferait-il montre de qualités de chêne ou de roseau? C'est ce qu'il s'agissait de démêler sur la figure de M. Pardessus; aussi les lunettes, les pince-nez, les binocles et les monocles, attributs obligés de la plupart des hommes de science, avaient-ils été nettoyés avec un soin particulier; même quelques-uns, pour voir au plus profond de leur supérieur, s'étaient armés de doubles besicles.

— La séance est ouverte... Monsieur le trésorier, donnez lecture du procès-verbal de la précédente séance, dit M. Pardessus.

Ce procès-verbal offrait la qualité d'être sommaire au possible. Combien il était né de sujets au Jardin du Roy, combien de dons reçus, de plantes acclimatées. Le procès-verbal se terminait par l'habituel : *Rien de nouveau*, et, pour conclusion : *La séance est levée.*

Toute discussion scientifique était prudemment mise sous le boisseau.

— Vous n'avez pas d'observations, messieurs? demandait M. Pardessus d'un ton qui signifiait : — D'ailleurs, je vous les défends.

Le directeur entendait régner en autocrate absolu et ne supporter en quoi que ce soit qu'un acte de son administration fût discuté. Les membres assistant à l'Assemblée signaient le registre ; c'était tout.

Ils s'attendaient pourtant à plus de détails ce jour-là. En effet, M. Pardessus prit la parole au milieu d'un de ces silences qui précèdent parfois les tempêtes.

— Messieurs, dit l'administrateur, j'entends qu'à partir d'aujourd'hui un règlement nouveau soit appliqué à l'établissement.

Si les oreilles des hommes s'allongeaient et subissaient le contre-coup des confidences singulières, on eût vu des inflexions très sensibles dans les cartilages des professeurs. C'était un directeur nouveau qu'ils souhaitaient et non pas un règlement.

— La nécessité, l'urgence de certains détails importants de ce nouveau règlement s'est fait particulièrement sentir pendant la visite de Son Excellence le ministre.

Les professeurs, sans s'entendre, jetèrent un regard sur le front de M. Pardessus. Il fallait qu'il fût d'un airain particulier pour que l'administrateur osât parler du ministre après ce qui s'était passé.

— La responsabilité qui m'incombe est considérable, je n'ai jamais cherché à me le dissimuler... Aussi ai-je résolu de faire poser par le serrurier, dans le service des fauves, des tiges de fer résistant à toute commotion future.

Les têtes des professeurs retombèrent sur leur poitrine, courbés par la même pensée : L'administrateur ne s'en va donc pas !

— Monsieur Francazal, reprit le directeur, votre conduite n'a pas été tout à fait exempte de reproches dans cette circonstance.

Le chef du service des fauves faillit disparaître sous la table.

— Vous auriez dû me prévenir, depuis longtemps, que les barreaux de la cage du lion étaient insuffisants pour protéger le ministre contre tout danger.

— Monsieur l'administrateur, jamais pareille révolte de l'animal ne s'était produite en face du public.

— Je ne m'inquiète pas du public, monsieur Francazal, je parle de Son Excellence le ministre... Cette bizarre surexcitation du fauve s'est produite, à mon grand regret, pendant la visite d'un fonctionnaire de l'ordre le plus éminent... Elle peut se reproduire de nouveau et atteindre un des hommes attelés au timon de l'État, s'il daignait visiter un établissement qui fait la gloire de la France... Je n'ai pas pour habitude, vous le savez, de me soustraire à la responsabilité qui m'incombe en accusant la négligence de mes chefs de service... En pareille circonstance, Son Excellence le ministre ne reconnaît pas pour responsable M. Francazal, mais M. Pardessus, l'administrateur... Je le dis sans vanité... Je porte sur mes propres épaules le poids considérable d'un des plus importants établissements nationaux de l'Europe... Et je ne veux pas être accusé si un semblable fait se renouvelait dans l'avenir.

— Il parle d'avenir, pensèrent les professeurs... Il ne s'en ira pas !

— Vous avez entendu, monsieur Francazal... A l'issue de la conférence, ne manquez pas de faire un bon pour le serrurier du Jardin du Roy... Il faut des barreaux d'une force exceptionnelle... Un autre bon pour le menuisier est également nécessaire ; il remettra le plancher à neuf... Mieux encore... Le menuisier établira un plancher en chêne, afin que les déchirures des barreaux de fer ne se reproduisent plus... Le plancher devra être goudronné et entretenu avec le plus grand soin, de telle sorte que les déjections des fauves ne puissent s'infiltrer jusqu'au cœur du bois et corrompre les fibres de la surface.

De tels détails firent penser aux professeurs que leur supérieur avait la vie dure.

— Monsieur l'administrateur? demanda timidement le chef de service, atterré par les regards de M. Pardessus.

— Parlez, monsieur Francazal, dit l'administrateur d'un ton bref qui suffisait à couper la parole d'un inférieur assez audacieux pour se permettre une observation.

— Les frais de serrurerie et de menuiserie, dont je dois faire les bons, seront assez considérables...

— Que vous importe, monsieur?

— Sur quel fonds devront-ils être portés?

— Sur le budget du service des fauves, vous ne l'ignorez pas, monsieur.

— Il me reste, pour cette fin d'année, à peine de quoi faire face à la nourriture des animaux de mon service...

— La nourriture, la nourriture! s'écria M. Pardessus... Je n'ai pas à entrer dans de si mesquins détails... M. le trésorier a qualité pour vous répondre... Vous n'avez pas d'autre requête à me présenter?...

— Pardon, monsieur l'administrateur.

M. Pardessus regarda son subordonné d'un œil qui voulait dire : Encore !

— Sur la fin de l'exercice courant, j'avais

espéré faire quelques économies pour l'acquisition d'un tigre... Cette dépense de serrurerie et de menuiserie met à néant mes espérances, en employant, je le crains, la moitié de la somme nécessaire à l'achat de cet animal.

— La sûreté d'augustes visiteurs marche avant une pareille acquisition... Remettez l'achat du tigre au budget de l'an prochain.

— Tous les ans, monsieur l'administrateur, le tigre que j'ai en vue est remis à un budget futur.

— Faites des économies, monsieur, sur d'autres articles...

— Des économies sur la nourriture !... Les animaux ne mangeront plus, balbutia M. Francazal.

— Vous dites, monsieur le professeur? demanda avec arrogance M. Pardessus, quoiqu'il eût entendu... Je ne vous comprends pas ; vous avez la mauvaise habitude de parler pour votre barbe.

M. Francazal, se le tenant pour dit, n'osa répliquer.

— Messieurs les professeurs, reprit M. Pardessus, Son Excellence tenait à se rendre compte de vos travaux... Je me préparais à l'accompagner dans vos divers départements... Le programme de la visite avait été tracé par moi dans tous ses détails... Le fâcheux événement que vous savez en a empêché la réalisation, et je suis chargé par Monseigneur le ministre de vous faire part de l'intérêt qu'il porte à toutes les parties de vos services respectifs.

— Fourbe, triple fourbe ! pensa M. Drelincourt, qui tressautait d'indignation sur son siège.

Il est certain que l'administrateur mentait avec une rare impudence ; mais peu lui importait qu'on pénétrât ses duplicités. M. Pardessus appartenait à l'école des grands politiques qui ne regardent pas aux moyens pour gouverner les hommes : il avait un mépris absolu pour ses subordonnés, et s'inquiétait peu qu'on blâmât ses moyens de gouvernement, pourvu qu'il gouvernât.

Avant de clore l'Assemblée, M. Pardessus lança un dernier trait.

— Vous pourrez dire, messieurs les professeurs, que cet événement n'a influé en rien sur le moral de votre chef... Il en a été de même de Son Excellence le ministre, Monseigneur, qui a le courage viril, s'est rendu parfaitement compte du danger... D'ailleurs, ma propre poitrine protégeait celle de Son Excellence qui nous est précieuse à tant de titres... Il est bon que tout le personnel du Jardin du Roy le sache.

Les professeurs inquiets se regardaient. M. Pardessus semblait répondre aux propos du Corridor-qui-parle. Ce qui n'était que doutes e changea en certitude quand l'administrateur répéta quelques-unes des accusations qui avaient été lancées contre lui.

M. Drelincourt, M. Francazal, M. Minoret, M. Boutibonne, M. Comparet, étaient les seuls qui se fussent permis des observations : les autres professeurs, plus réservés, avaient opiné du bonnet. Existait-il un traître parmi eux, un délateur qui, le soir même, avait été rapporter à M. Pardessus des paroles imprudentes ?

C'est sous le coup de ces réflexions que les membres de l'Assemblée se retirèrent, la tête basse, ayant reçu une fois de plus la leçon qu'ils ne devaient confier à personne leurs secrètes pensées. L'administrateur pratiquait l'art de régner en semant la division entre eux, et de mauvaises notes devaient être ajoutées aux dossiers des imprudents qui s'étaient laissé aller à des paroles trop sincères, dans la croyance que M. Pardessus serait révoqué.

X

LA MARQUISE DE MONTENDRE

M. Pardessus possédait une qualité qui manque aux véritables savants : il fréquentait les salons. A l'âge de cinquante ans, vert encore, se tenant droit, quoique sujet à certaines douleurs rhumatismales, il était toujours prêt à se rendre à un dîner officiel ou à assister à une soirée ministérielle. S'il rentrait souvent tard au Jardin du Roy, le lendemain matin rasé, parfumé, le directeur était le premier à son cabinet, étonnant ses subordonnés par les ressorts qui lui permettaient de vaquer aux exigences de la société et à celles de l'administration.

Après la fâcheuse incartade du lion, suffisante pour plonger un être faible dans l'abattement, M. Pardessus se rendit en toute hâte chez la marquise de Montendre, sa protectrice.

Les deux jambes broyées à la suite d'une chute de cheval dans une chasse royale, la marquise était condamnée à ne plus quitter de la vie son fauteuil ; aussi toute visite était-elle chère à cette grande dame, qui des agitations des salons n'eût plus conservé qu'un souvenir si sa fille, la duchesse de Châteauminois, n'avait obligé ses adorateurs à faire leur cour à la pauvre femme infirme.

M. Pardessus avait ses grandes et ses petites entrées chez la marquise en qualité d'ancien chevalier servant. Une liaison avec cette grande dame, qui recherchait plutôt la quantité que la qualité des hommages masculins, avait été cultivée avec soin par l'administrateur reconnaissant de cette bonne fortune de haute volée ; aussi était-il permis maintenant à M. Pardessus de faire montre de galanterie en envoyant chaque matin à la marquise de Montendre, ainsi qu'à sa fille, deux bouquets des plus rares fleurs des serres du Jardin du Roy.

Qu'elles sont peu de chose les recherches scientifiques, les veilles, le détachement du monde pratiqué par les vrais savants, en re-

7.

gard d'un bouquet envoyé à point à une femme haut placée ! La marquise et la duchesse se montraient sensibles à ce cadeau, et le personnage le plus savant du Jardin du Roy était, aux yeux des deux dames, celui qui ne manquait jamais l'occasion d'expédier des fleurs rares pour embellir leurs salons.

M. Pardessus pouvait être impunément un sot; ses prévenances équivalaient à un brevet de haute notoriété scientifique.

Au printemps, quand les dames allaient passer la belle saison à la campagne, M. Pardessus remplaçait les bouquets par des envois d'oiseaux rares nés au Jardin du Roy, ou il faisait expédier, pour les serres de la marquise, des plantes nouvelles dont le botaniste de l'établissement poursuivait l'acclimatation, et ce distributeur de produits payés par la nation passait pour un galant des plus généreux.

— Vous êtes pâle, cher, dit la marquise de Montendre en voyant entrer son ancien chevalier. Que se passe-t-il? Vous paraissez ému, Maxime.

Dans ce salon, on appelait Maxime M. Maximilien Pardessus, quoique l'assemblage de ce prénom et de ce nom offrit une importante envergure; mais la marquise trouvait que le tudesque prénom de Maximilien évoquait le souvenir fâcheux de Robespierre; au contraire, *Maxime*, prononcé par une voix caressante de femme, perdait sa majesté et devenait plus doux.

M. Pardessus conta la scène de l'après-midi, en augmentant le danger qu'il avait couru en face du lion irrité.

— Vous êtes imprudent, Maxime; vraiment vous déployez trop d'ardeur dans votre poste.

— La science l'exige, répondit M. Pardessus prenant la mine d'un martyr romain condamné à descendre dans l'arène, au milieu des bêtes féroces.

— Laissez de côté la science, Maxime. Qui m'enverrait un bouquet tous les matins s'il arrivait malheur à mon ami?

M. Pardessus s'approcha de la marquise et déposa un baiser sur sa main.

— Et pourtant, malgré mon dévouement à la science, dit-il, Son Excellence le baron Bourbonne m'a lancé, en partant, un regard qui m'a fait froid.

— Bourbonne s'est permis de vous lancer un regard froid, dites-vous?

— Voilà comment le ministre m'a récompensé d'avoir protégé ses jours.

— Bien à tort, Maxime... Le Bourbonne eût été dévoré par le lion que chacun, à la cour, s'en fût réjoui... Dites-moi ce qui a motivé la froideur dont vous parlez?

— Le ministre a failli se trouver mal, et il ne me pardonnera pas d'avoir été témoin de son émotion...

— Dites de sa lâcheté... Aucun défaut ne peut me surprendre de la part de ce Bourbonne... Mais je suis là, Maxime, et j'aurai raison du ministre... J'attends ma fille au retour du Bois... Vous expliquerez cette affaire à Diane... Elle va justement ce soir à la cour... Vous n'aurez jamais pareil avocat.

M. Pardessus possédait la qualité particulière aux hommes médiocres, de ne perdre jamais de vue ses intérêts. Il ne se dissimulait pas que sa place était fort jalousée. L'Institut avait sans cesse un œil ouvert dans la direction du Jardin du Roy, visant pour un de ses membres un fauteuil dont s'était emparé un homme sans titres scientifiques. Au moindre événement il était à craindre que, jaloux de ses prérogatives, l'Institut ne se montrât menaçant dans la revendication d'un poste réservé, jusque-là, à un naturaliste célèbre par ses travaux. Ce cordon d'adversaires qui l'entourait, M. Pardessus ne se sentait pas de force à le rompre. Qu'un vent contraire vînt à souffler, M. Pardessus, malgré sa flexibilité de roseau, constatait le peu de profondeur des racines qui le rattachaient au Jardin du Roy et la facilité avec laquelle elles seraient arrachées. Aussi attendait-il avec une certaine anxiété l'arrivée de la duchesse de Châteauminois.

A un mouvement qui se fit dans la cour de l'hôtel :

— Voilà Diane, dit la marquise.

Un élégant chapeau sur le coin de l'oreille, la robe d'amazone portée cavalièrement sur le bras, la duchesse entra, la cravache à la main.

— Bonjour, Maxime, dit-elle en lui secouant familièrement la main... Ah! ma mère, que le Bois était délicieux! J'ai été entourée et fêtée par tous ces messieurs, au point de rendre jalouse la petite Léontine, du théâtre de Madame...

Maxime, débarrassez-moi de mon chapeau...

La duchesse, admirablement mal élevée par une mère coquette, n'en était que plus piquante. Ses cheveux blonds, légèrement crespelés, qu'un coup de main suffisait à masser sans l'aide d'un peigne, permettaient à Diane de changer de physionomie, suivant les caprices qui passaient dans son esprit. Grâce à cette chevelure, qui faisait touffe et se pliait à encadrer une figure tantôt d'un enfant mutin, tantôt d'une femme séduisante, Diane n'avait d'autre règle que sa nature indépendante, imitant parfois l'impertinence des femmes de théâtre, se plaisant à être traitée en garçon, et n'étant gênée dans aucune de ses allures familières par le vieux duc de Châteauminois, un mari complaisant que, disait-elle, elle ne sortait pas.

La marquise avait essayé de parler de M. Pardessus; il fallut que Diane passât en revue la toilette des diverses beautés du Bois de Boulogne, les cavaliers qui lui avaient fait la cour, la description des équipages, des femmes en vue, les modes nouvelles qui pointaient à l'horizon de Longchamps. La gazette parlée de la duchesse dura une demi-heure, intéressante pour la marquise que ces caquetages rappelaient à ses beaux jours, fastidieuse pour M. Pardessus qui s'efforçait d'écouter, mais dont le regard, chargé d'inquiétudes, s'adressait à sa protectrice. Elle voulut bien le remarquer.

— Diane, dit la marquise, regarde la mine piteuse de Maxime...

— Qu'est-ce que la girafe peut bien lui avoir fait? demanda la duchesse en imitant le comédien Brunet.

— Laissons la girafe, dit la marquise. Il s'agit de rendre service à notre ami Maxime.

— En est-il réellement digne? reprit la duchesse.

— Ecoute-le un instant.

M. Pardessus raconta de nouveau l'incident du lion.

— Ce devait être amusant! s'écria Diane.

— Madame la duchesse, nous avons couru le plus grand danger, dit M. Pardessus un peu scandalisé.

— Oui, oui, fit négligemment Diane, dans le cerveau de laquelle venait se profiler l'animal furieux, altéré de sang, par conséquent des plus intéressants pour une jeune femme blasée.

— J'ajoute, reprit la marquise de Montendre, qu'à ce danger passé en succède un plus dangereux : le ressentiment qu'a éprouvé le baron Bourbonne à la suite de sa malencontreuse visite au Jardin du Roy.

Diane se laissa aller à une vive gaieté.

— Bourbonne m'amuse, dit-elle. Il devait être vert... Ces dames vont bien rire ce soir, à la cour, en le voyant.

— Je vous en prie, madame la duchesse, reprit M. Pardessus inquiet, pas un mot qui fasse soupçonner à Son Excellence sa défaillance...

— Il faudrait, Diane, dit la marquise, prendre les devants dès ce soir, avant que Bourbonne n'ait eu le temps d'agir contre notre pauvre ami Maxime. Tu pourrais en dire quelques mots au roi.

— Quel service Maxime aurait rendu au cabinet, dit la duchesse, s'il avait pu pousser le lion à faire un bon repas de Bourbonne !... Un libéral qui nous pèse à tous et que le roi a la faiblesse de tolérer dans son conseil... Bourbonne a eu peur, n'est-ce pas ?

— Effroyablement, reprit M. Pardessus...
Plein de sang-froid, je veillais...

— Parlons de lui d'abord, dit Diane; dépeignez-moi la scène au moment où le lion fit ployer les barreaux...

Quelle attitude avait le ministre en face de l'animal menaçant, M. Pardessus la représenta en insistant sur ce point que le baron Bourbonne n'avait guère plus de tenue qu'un paquet de linge. Quant au directeur, il prit la pose de Léonidas aux Thermopyles du tableau de David.

— C'est de la faute du ministre..., reprit M. Pardessus. Il avait à peine écouté l'administrateur dans son cabinet... Son Excellence semblait se soucier fort peu du développement imprimé sous ma direction à la prospérité de notre grand établissement national...

Pendant ce discours, Diane faisait des gestes qui appelaient l'attention de M. Pardessus.

— Continuez, Maxime, dit-elle; je travaille pour vous, mais je vous écoute...

— Les détails administratifs, reprit M. Pardessus, le ministre les a éludés malgré le vif intérêt qu'ils offrent... Une heure défavorable avait été choisie pour visiter les carnassiers, déjà énervés par les agaceries des curieux...

— Très bien, dit Diane en se laissant tout à coup tomber contre M. Pardessus, qui fut effrayé. Est-ce assez ça l'attitude de Bourbonne? demanda-t-elle. Maintenant, je relève la tête majestueusement comme notre ami Maxime... Je ne ris pas, je me charge d'amuser le roi ce soir... Il n'a pas un fonds excessif de tendresse pour Bourbonne; au contraire, Sa Majesté m'a toujours témoigné des marques de sympathie.

— Que je t'embrasse, Diane; dit la marquise, tu es une bonne fille.

— Tu as merveilleusement compris la position de notre pauvre Maxime, ajouta Mme de Montendre. Si tu parles au roi, profite de l'occasion...

XI

LA COUR

Diane de Châteauminois était une des beautés les plus piquantes de la cour de Charles X ; cette jolie femme, dont les folles boucles capricieuses de cheveux dorés se révoltaient contre le joug du peigne, secouait des étincelles dans le cœur des hommes. Sur l'épaisse et béate lèvre inférieure du roi, un sourire se posait lorsque la duchesse passait devant lui ; aussi était-elle l'enfant gâtée de cette cour dévote, qui tolérait ses excentricités. Diane, jeune, vive, avait l'esprit de sa physionomie, rompait avec le cérémonial, contait avec expression et se plaisait à rapporter des histoires malicieuses dans lesquelles elle entremêlait la cour et la ville, les coulisses de la politique et du théâtre.

Il fallait être spirituelle et bien partagée de la nature pour lutter avec la duchesse. Les femmes de la cour la craignaient, car elle les pénétrait et déshabillait leur étiquette sans crainte de les avoir pour ennemies. Gourme, prétention, outrecuidance, qui sont communes à la cour, Diane les abattait avec la baguette de sa causticité, et ses rivales qui, à son entrée aux Tuileries, avaient cherché à lui barrer le chemin, en avaient reçu comme des coups de cravache dont elles gardaient la marque. Non pas que celle que ses intimes appelaient « la petite Châteauminois » fût de nature mauvaise ; mais elle ne savait pas arrêter un mot piquant ; à peine posé sur l'arc, ce mot partait et atteignait en pleine poitrine la personne à qui il s'adressait.

Le soir du drame du Jardin du Roy, quand le baron Bourbonne fit son entrée dans la salle de réception aux Tuileries, la duchesse alla à lui, et, lui serrant les mains avec effusion :

— Cher baron, dit-elle, que je suis aise de vous revoir !

C'était la première fois que le ministre recevait une telle marque d'intérêt de Mme de Châteauminois.

— Vous avez la main brûlante, dit Diane ; cela se comprend, après une semblable anxiété...

— Je vous assure, madame la duchesse, que j'ai ressenti peu d'émotion...

— Je sais, de bonne part, monseigneur, que vous vous êtes suffisamment montré en face du lion ; mais peu de personnes auraient résisté à un tel assaut.

La duchesse de Châteauminois, très remuante, n'avait pas l'habitude de converser longuement avec le même personnage ; ce jour-là, elle voulut être remarquée, produire une certaine curiosité, amasser un groupe autour d'elle et de son interlocuteur. Ce à quoi Diane réussit. L'attitude du ministre, celle de la duchesse, n'indiquaient pas de confidences particulières ; quelques courtisans s'arrêtèrent, encouragés par un regard malicieux de Mme de Châteauminois ; bientôt on fit cercle autour d'elle et du baron.

Le roi, voulant s'enquérir de la cause de cet attroupement, envoya un page aux nouvelles ; il revint dire que la duchesse s'apitoyait sur l'état de la santé du ministre et faisait tâter la main du baron à tous ceux qui l'entouraient.

— Priez la duchesse de Châteauminois de venir me parler, dit le roi.

C'était ce que la jeune femme désirait.

Charles X lui ayant demandé quel incident particulier mettait la cour en rumeur, Diane donna au monarque une piquante représentation de la scène du Jardin du Roy ; elle en connaissait aussi bien les détails que si elle avait assisté à la scène. Habile et amusante comédienne, elle imita le lion et joua la terreur du ministre en actrice de drame ; mais le comble de l'art fut dans sa façon de distribuer les rôles, donnant la bravoure à M. Pardessus, la couardise au baron Bourbonne. Les courtisans regardaient de loin cette pantomime dans laquelle la petite duchesse excella, avec des affaissements de marionnette dont les fils sont rompus, pour peindre l'attitude du ministre. Le roi souriait béatement.

— Aussi le ministre est-il dans un état à faire pitié, disait Diane. Son pouls dénote une fièvre violente intérieure... Le pauvre homme a dû faire un effort considérable sur lui-même pour venir saluer Votre Majesté.

— Rien ne forçait le baron Bourbonne à se montrer ce soir aux Tuileries, dit le roi.

— Ce soir, ce n'est rien encore, mais demain, quand l'excitation sera passée!...

Le roi dépêcha un page auprès du ministre, après avoir remercié Mme de Châteauminois de ses renseignements.

Cependant la duchesse avait aperçu dans un groupe Chabussière, le médecin qui était, ce soir-là, de garde aux Tuileries. Elle lui fit signe.

— Chabussière, voulez-vous être agréable au roi?

Le jeune médecin s'inclina.

— Et à moi, tenez-vous à m'être agréable?

Chabussière la regarda d'un air qui semblait dire : Empereurs ou rois, je sacrifierais tout pour vous.

— Bourbonne est malade... très malade... Vous entendez... Ne le quittez pas... Un traitement énergique est nécessaire... Votre avenir dépend de la réussite du traitement... Venez me voir demain matin, à huit heures...

Dans la soirée on remarqua qu'à diverses reprises le roi avait serré la main de son ministre; les courtisans, pensant que le baron Bourbonne était au comble de la fortune, l'entouraient et le plaignaient.

— Je vous assure, messieurs, que je n'ai ressenti aucune émotion, disait le ministre.

Chacun, toutefois, le priait d'aller prendre du repos. Chabussière s'était joint au groupe et regardait le baron avec un semblant de profonde attention.

— Monseigneur, dit-il, j'ai envoyé chercher votre voiture ; permettez-moi de suivre les ordres de Sa Majesté en passant la nuit près de vous.

— Les bontés du roi dépassent mes espérances ; mais je ne me sens pas plus mal portant que d'habitude.

— Vous vous porteriez mieux, monseigneur, que je n'en serais pas surpris... Vous êtes sous le coup d'une vive excitation dont la réaction se produira demain infailliblement... Une secousse suivie d'abattement, quoique normal, offre des dangers... Après-demain, il y a conseil aux Tuileries ; Sa Majesté tient à ce que vous n'y paraissiez pas sans être remis d'une émotion bien naturelle.

Bourbonne résistait. Tous étaient d'accord pour l'engager à se reposer. Le ministre fut obligé de céder.

La plupart des courtisans ont la vue courte. Chabussière s'efforçait de l'avoir longue, comprenant qu'il était arrivé au moment grave de sa vie. Appelé nouvellement à la cour, où il fut présenté par un vieux praticien, son professeur, Chabussière s'était épris de la duchesse de Châteauminois sans oser croire qu'il pourrait triompher de cette capricieuse personne. Bien des fois ses rêves avaient été traversés par le profil de la fantasque créature; il s'était efforcé de n'en rien laisser paraître, mais la duchesse avait surpris ces regards ardents qui ne la quittaient pas, et, dans cette circonstance, elle put compter sur un allié dévoué.

En chemin, Chabussière se fit ouvrir une pharmacie et commanda une potion qu'il fit prendre au baron, afin de provoquer, disait-il, une transpiration salutaire. Bourbonne but les premières gorgées et les jugea inoffensives, comme la plupart des remèdes de cour. Aussi bien la nuit du ministre se passa sans accidents, sauf à six heures du matin, heure à laquelle Chabussière se présenta menaçant, en adepte du célèbre Broussais.

Pour calmer les nerfs du ministre, il le saigna abondamment, malgré les protestations de Bourbonne. Des boissons émollientes, la diète absolue, une « riche » saignée, eurent raison de la constitution robuste du baron. La nuit suivante, il eut des visions de lion en furie.

Le médecin particulier de Bourbonne était venu à l'hôtel et avait vu son client. Chabussière, dans la consultation qui suivit, n'eut pas de peine à obtenir de son confrère la confirmation de la nécessité de son traitement. A cette époque, diète et saignée étaient regardées par un certain nombre de praticiens comme les agents les plus favorables à la santé. Sous le coup de cette médication, le ministre fut réduit à un affaiblissement de forces que la duchesse de Châteauminois avait prévu.

— Envoyez Bourbonne aux eaux, dit-elle à Chabussière en lui donnant une rose de son corsage.

— Je lui ordonnerai une saison à Vichy.

— Vingt et un jours ne suffisent pas aux hommes agités par la politique... Il faut tenir Bourbonne plus longtemps éloigné...

— En quarantaine alors ? demanda Chabussière.

— Quoique court, le délai me semble suffisant pour Sa Majesté... Le roi est aussi faible qu'excellent... Il n'a jamais consenti, malgré l'insistance des membres de son cabinet, à en écarter Bourbonne qui y fait tache par un fond de libéralisme opiniâtre... Le ministre en congé, la maison est plus facile à rendre nette... C'est à vous que le cabinet le devra, et le cabinet ne sera pas ingrat. Ah!... que pensez-vous de M. Pardessus, l'administrateur du Jardin du Roy?

— Pour remplacer le baron Bourbonne au ministère?

— Non, je vous demande votre opinion sur ses aptitudes.

— Il ne brille pas précisément par ses qualités intellectuelles.

— Voulez-vous ne pas parler ainsi? s'écria la duchesse en appuyant sa main sur la bouche du jeune médecin. M. Pardessus est de nos amis...

— C'est différent, j'avais en vue un savant à la tête d'un grand établissement...

— Ma mère fait le plus grand cas de M. Pardessus...

— Je ne le connais pas, et je regrette d'avoir prêté l'oreille à des propos de professeurs qui se haïssent et se mangent entre eux...

— Aussi bien, il ne s'agit pas de science, mais de courage... Notre ami Maxime, de l'avis de tous, a été admirable pendant la révolte du lion, tandis que Bourbonne se conduisait en pleutre... Vous pouvez en témoigner auprès de vos amis... J'ai un projet, et si je réussis, le roi ne me refusera pas, je l'espère, une croix de Saint-Louis pour notre ami Chabussière.

— La récompense est précieuse ; elle serait double, madame la duchesse, si vous consentiez à m'armer chevalier.

— Vous devenez exigeant... Nous verrons... Mais n'oubliez pas, lorsque vous serez admis à remercier le roi, de glisser un mot sur les qualités de notre ami Pardessus, que ce Bourbonne eût certainement renversé sans vos soins.

Chabussière remercia la duchesse et promit de lui obéir.

Deux jours après, il recevait un brevet de chevalier de l'ordre de Saint-Louis ; le ministre Bourbonne donnait sa démission pour cause de maladie, et M. Pardessus, nommé baron, portait la tête plus haut que jamais, et pouvait lutter par ce titre de noblesse avec la science des grimauds qui l'entouraient.

XII

LE PRÉPARATEUR

M. Minoret, pour répondre aux désirs de l'administrateur, avait accepté comme préparateur, dans son laboratoire, un jeune homme nommé Claude, qu'on disait parent de la famille Pardessus.

Obséquieux, ce Claude au début fit mine de se rendre utile à son chef et l'écouta, lorsque M. Minoret avait à se plaindre de l'administrateur.

Esprit terre à terre, retenant facilement les nomenclatures et tout ce qui s'apprend dans les livres, Claude semblait répondre aux vues de M. Minoret qui, préoccupé de mille recherches, préférait ne pas boucher les cases de son cerveau avec des mots. Le rêve du naturaliste eût été d'avoir sous la main un dictionnaire vivant qu'il feuilleterait facilement, et dont il obtiendrait des réponses immédiates.

Sur cette figure de savant qui trouvait le bonheur dans l'exercice de son art, une qualité éclatait qui était un défaut, l'ingénuité. Aussi, malgré certaines rides creusées par les soucis de l'administration, à cinquante ans M. Minoret n'avait pas vieilli. Bon et sans défiance, il lui en coûtait d'appeler un être mauvais. Par ses théories, M. Minoret avait plus d'une fois blessé certains de ses collègues, mais inconsciemment ; il était à mille lieues de se douter que Claude, loin de partager ses idées, les raillait et était poussé dans cette voie par M. Pardessus.

M. Minoret, qui n'avait pas senti ce grain de sable se glisser dans sa vie, fut long à s'apercevoir que le grain de sable, peu à peu changé en caillou, prendrait les proportions d'un rocher qui devait le meurtrir.

Devenu présomptueux par les flatteries de l'administrateur, Claude jalousait son patron et s'imaginait collaborer aux travaux de son chef par le motif qu'il opérait d'après ses instructions.

Il est peu de savants dont la vie ne soit mêlée

de petites misères qui ne semblent rien en apparence, mais qui, faisant corps, troublent les existences pour lesquelles un calme absolu est nécessaire.

M. Minoret, placé sous la haute surveillance de Claude, ne sentait pas qu'il avait une police organisée dans son laboratoire, et que chacune de ses paroles était soumise à une sorte d'analyse chimique dont le résultat quotidien était porté par Claude à l'administrateur.

— Je ne m'étonne pas, disait M. Pardessus, qu'avec de semblables théories cet homme vive dans l'isolement et soit repoussé de la compagnie de ses collègues.

Heureusement pour M. Minoret, Claude avait de gros yeux à fleur de tête. Si un regard profond eût été d'accord avec les mauvais instincts du préparateur, l'homme pouvait devenir très dangereux. Il possédait, pour la sûreté de son supérieur, un fond de vanité candide qui s'étalait et l'empêchait de dissimuler ses appétits.

M. Pardessus ayant à dessein exalté outre mesure le préparateur, celui-ci en arriva à se croire indispensable au grand naturaliste.

Sans défiance et naïf comme un enfant,

M. Minoret s'ouvrait à Claude, ne lui cachait aucun de ses projets, lui dictait sa correspondance avec les savants étrangers et laissait pénétrer un ennemi dans son âme claire comme du cristal. Plus d'une fois, à la suite de discussions avec M. Pardessus, le naturaliste était rentré à son laboratoire, accablé par les injustes réprimandes de son chef. Claude n'avait pas manqué d'en informer son protecteur. M. Pardessus connaissait le défaut de la cuirasse du savant. Sensitif à l'excès, M. Minoret était dérangé pour la journée dans ses travaux, à la suite d'une courte entrevue avec un chef qui lui était antipathique. On pouvait facilement paralyser ses efforts, retarder ses découvertes, en le harcelant. La médiocrité excelle dans l'art de creuser des ornières au fond desquelles se brisent les natures à ressorts délicats.

S'il eût soupçonné ces complots, M. Minoret eût travaillé dans son cabinet ; mais les horizons scientifiques ne s'ouvraient pour lui que dans un vaste laboratoire, qui formait un contraste frappant avec son logis particulier, où s'entassaient pêle-mêle les livres, les brochures, les amas de notes manuscrites et les objets d'histoire naturelle.

Dans ce laboratoire, où d'illustres savants l'avaient précédé, M. Minoret se sentait à l'aise et respirait aussi librement qu'un astronome laissant de côté ses équations pour considérer en paix la voûte du ciel. Il y entrait comme en cellule, n'ayant plus à se préoccuper du monde extérieur. Le naturaliste semblait y prendre des bains de science ; la voix de la nature seule répondait à son esprit, et, sur le seuil, expiraient les mauvais côtés de l'humanité. Là, il étudiait l'homme dont les squelettes, les moulages, lui dévoilaient les mystères de la charpente.

Assis dans son fauteuil, M. Minoret semblait un de ces savants de la Renaissance peints par Holbein, malingreux d'aspect, mais robustes par la croyance, qui, lorsqu'ils lisent dans le livre de l'humanité, y font des pointages merveilleux. Cerveau, cœur, sang, muscles, nerfs de l'homme, parlaient à M. Minoret : c'étaient, entre ces organes et le naturaliste, des confidences d'une haute portée qui illuminaient ses yeux, communiquaient à ses traits de la gravité et répandaient sur toute sa personne un aspect de grandeur qui s'effaçait dans la vie habituelle.

Qui eût vu M. Minoret aux prises avec un problème scientifique, les épaules voûtées, les vêtements négligés, traverser les allées du Jardin du Roy avec autant de maladresse qu'un kangouroo, n'eût pas reconnu l'homme dans son laboratoire, regardant une pièce anatomique et devenant beau à tenter le ciseau d'un David.

Comme un repoussoir, à ses côtés, se tenait Claude qui, incapable de comprendre la profondeur de pensée de l'anthropologiste, l'enveloppait comme une araignée obscurcit de sa toile les moulures d'un chapiteau monumental.

Un matin, M. Minoret reçut une lettre étrangère, apportée par Claude, qui eut le temps de lire : *Académie scientifique de Colombie*, sur un coin de l'enveloppe.

Avec précaution le naturaliste décacheta la lettre et, la figure pleine de satisfaction, se plaça dans son fauteuil, près de la fenêtre, comme pour déguster une nouvelle importante. Claude s'était effacé de côté, de façon à ne pas perdre un geste du savant.

Les lèvres serrées, les yeux en éveil, M. Minoret lut la première page. Ayant posé son front sur sa main gauche, il réfléchit quelques minutes; puis il reprit la lettre et, à mesure qu'il pénétrait dans la lecture, Claude s'aperçut de l'état d'excitation dans lequel entrait le professeur. Il frappa d'un coup de poing la table avec un sentiment de dépit, respira longuement en proie à une vive émotion, se leva en agitant la lettre et se promena à grands pas dans le laboratoire, avec de singuliers soupirs qui pouvaient être pris comme des signes de regret aussi bien que d'enthousiasme.

— Quelle nouvelle ! s'écria M. Minoret. Quelle nouvelle !

Ayant fait divers tours dans le laboratoire :

— Si j'étais libre, si j'étais jeune ! s'écriait-il.

L'anthropologiste haussa les épaules.

— On ne me donnerait pas l'argent nécessaire pour faire une découverte utile à la science... Il faut la forêt aux naturalistes... J'étouffe ici.

Avec les signes d'une vive exaltation, M. Minoret sortit. Il ne s'était pas aperçu de la présence de son préparateur.

Claude se précipita sur la lettre et la parcourut vivement. La porte s'ouvrit peu après. M. Minoret reparut.

— J'avais oublié ma lettre, dit-il.

Le naturaliste était tellement ému qu'il ne remarqua pas la rougeur de Claude, qu'il aurait pu surprendre violant les secrets de sa correspondance.

M. Minoret était ressorti de nouveau avec la lettre pour la relire au sommet du labyrinthe, où personne ne pénétrait à cette heure. Dans sa distraction, il avait oublié l'enveloppe, dont Claude s'empara pour augmenter le dossier que formait M. Pardessus. Aussitôt, le préparateur se rendit au cabinet de l'administrateur et plaça la suscription sous ses yeux.

M. Pardessus bondit.

— Ce Minoret, s'écria-t-il, est atteint d'une ambition démesurée !

L'enveloppe portait : *A Monsieur Minoret, directeur du Jardin du Roy.* Une violation des lois hiérarchiques dont s'accommodent difficilement les hommes à la tête d'une administration.

— Merci de votre zèle, Claude, dit M. Pardessus; voilà une preuve de plus que cet homme convoite mon poste... Patience... Vous pourriez bien avoir le sien, Claude... C'est mon plus vif désir.

Claude s'agenouilla presque. S'il eût osé, il eût baisé la main de l'administrateur.

— Ce Minoret s'empare de titres qui ne lui appartiennent pas et se donne à l'étranger comme le directeur du plus grand établissement national européen. Un membre de l'Académie de la Colombie lui écrit à propos de matières qui intéressent le Jardin du Roy. C'est certainement la réponse à une lettre de M. Minoret... Encore un délit; administrativement, toute lettre de mes subordonnés doit passer par mes mains... J'ignore les recherches de mes professeurs, quand je devrais être le premier à en être instruit...

— Vous le saurez, monsieur le directeur, dit Claude... M. Minoret me donne toutes ses lettres à copier pour en conserver le double.

— Sans doute, j'en aurai communication ainsi, mais c'est par voie détournée, alors que mes fonctions m'autorisent à en avoir connaissance par voie administrative... Retournez à votre service, Claude, et croyez qu'un jour vous serez récompensé de vos aptitudes exceptionnelles.

Dans l'après-midi, M. Minoret revint au laboratoire, passa une heure à écrire et tendit sa lettre encore fraîche à Claude, pour la reporter sur un registre spécial.

Cher et illustre collègue, écrivait l'anthropologiste, je n'ai jamais été aussi jaloux de vos découvertes qu'à cette heure. Combien je suis chagrin de ne pouvoir vous accompagner dans vos battues à travers les forêts! Hélas! la plupart des professeurs en France n'ont sous les yeux que la nature morte, sans ressorts, sans voix! Quels efforts prodigieux ne devons-nous pas faire pour juger, en face d'une pièce préparée, ce qu'elle était palpitante et en vie?

Votre existence est faite de fatigues, de privations; mais combien vous êtes récompensé! Quelle découverte que celle de l'insecte de la famille de l'*Acridium peregrinum*, dont vous m'entretenez!... J'ai suivi sur une carte l'émigration de ces criquets et je les vois partir, dans vos États-Unis de Colombie, de la vallée de Patia, vers son embouchure à la mer Pacifique, pour se répandre au loin, par la grande vallée de Cauca, jusqu'au point où le froid des Cordillères arrête leur marche.

S'il est vrai, d'après les rapports qu'on vous a adressés, que les habitants prirent, dans un seul village de l'État de Cauca, plus de cent douze mille kilogrammes de ces insectes, je me demande à quel usage les a réservés la nature... Sans cesse l'histoire naturelle nous montre l'éternelle destruction, de même que l'éternelle procréation, des êtres entre eux ; mais cette action de la nature, quand, ayant décrété un grand coup de faulx sur les moissons, elle les fait dévorer par des millions d'insectes, n'en reste pas moins un sujet des plus graves méditations.

Le caractère du criquet voyageur, tel que vous me le décrivez, forme, coloration, fonctions, est analysé de main de maître et rendrait jaloux la plupart de nos entomologistes, si souvent superficiels ; mais ce qui m'a frappé par-dessus tout, c'est votre observation que la tête de ce vorace insecte, coupée ou détachée du corps, conserve encore pendant quelque temps la faculté de mordre les feuilles qu'on lui présente... Vous avez vérifié le fait, d'après une observation de votre collègue, l'abbé Larrondo.

Ce mot « *quelque temps après la décapitation* », m'a jeté dans un monde de troubles... Combien je désirerais voir fixé ce temps expressément ! S'agit-il d'heures, de minutes, de secondes ? Nos anatomistes, qui font des expériences sur les têtes des suppliciés et qui prétendent que le fer de la guillotine ne tranche pas la vie brusquement, seraient heureux de trouver, à un degré quelconque de l'échelle des êtres, un insecte dont les instincts de voracité subsistent après la décapitation. Ah ! si nous pouvions posséder au Jardin du Roy quelques spécimens vivants de l'*Acridium peregrinum*, quelle série d'intéressantes observations !

J'ai tort de m'occuper de cette matière. Elle m'est interdite... Les petits esprits ne veulent pas voir les rapports qui existent entre l'entomologie et l'anthropologie... Comme si tout ne se tenait pas dans la nature et n'avait sa parenté !... Heureux homme, vous n'êtes pas sous le coup d'une administration jalouse ; les Académies de votre libre contrée ne vous enlacent pas de leurs liens... Vous vous communiquez vos observations et vous vous en faites part confraternellement... Celui qui vous répond est un infime insecte qui, le fil à la patte, essaye de bourdonner dans sa prison officielle le peu que la nature lui permet d'apprendre...

Travaillez, esprit libre, le cœur satisfait de découvertes scientifiques et recevez les marques de mes meilleures et de mes plus-affectueuses sympathies.

Il fallait à M. Minoret une robuste confiance dans Claude pour lui donner à copier de telles récriminations qui atteignaient en plein M. Pardessus ; mais, se laissant aller au courant de ses impressions et n'ayant pas le temps de se relire, le naturaliste oubliait ce qu'il avait écrit.

Ses lettres copiées, M. Minoret en enfermait la minute dans un cartonnier dont il avait la clef ; mais Claude avait fait faire une double clef de ce meuble, et M. Pardessus, en sa qualité d'administrateur, était muni d'un trousseau de toutes les clefs des laboratoires des professeurs, pour pouvoir y pénétrer en cas d'incendie.

Il n'avait pas besoin de recourir à ce moyen en ce qui touchait M. Minoret ; le soir, Claude, qui avait obtenu l'autorisation d'étudier dans la bibliothèque du laboratoire, ne se servait même pas de la double clef du cartonnier. Dans sa distraction, M. Minoret l'oubliait sur la serrure du meuble et Claude pouvait, sans crainte de surprise, recopier celles des lettres de son patron qu'il jugeait devoir offrir quelque intérêt à M. Pardessus.

XIII

LE DINER DE L'ADMINISTRATEUR

M. le baron Pardessus ne pouvait mieux faire montre de sa nouvelle dignité qu'en engageant officiellement à dîner les professeurs du Jardin du Roy. Cette invitation causa une certaine rumeur parmi les savants : les uns s'inclinaient en face de la nouvelle marque de distinction qui arrivait à leur chef ; les autres s'insurgeaient, en paroles, contre le devoir qui les forçait à acclamer un supérieur détesté. Pour tous, c'était un repas guindé, gourmé, peu favorable à la digestion. Il fallait, en outre, endosser, avec un habit à la française, des sourires de commande, préparer des toasts sans chaleur.

Pour M. Pardessus, en affirmant publiquement son nouveau titre, il avait la joie secrète d'humilier davantage des subordonnés qu'il savait le jalouser.

A ces jours de réception, on voyait Mme Pardessus, pauvre femme qui n'avait jamais connu le bonheur conjugal, et qui cherchait dans le sein de l'Église à oublier sa vie brisée. Timide, ployée sur l'enclume de la volonté de son mari, elle s'était effacée volontairement et ne demandait pour toute faveur que de prier en paix et de recevoir les visites de son directeur de conscience, l'abbé Le Compasseur.

La religion est un levier qu'emploient volontiers les ambitieux. L'administrateur en profitait pour inviter à ses dîners officiels l'abbé Le Compasseur, qui, placé à la droite de Mme Pardessus, lui fournissait quelques motifs de conversation. A la gauche de la vieille dame était placé le professeur d'entomologie, M. Morateur, qui, pour échapper aux tracasseries de la Vipère, son épouse, pratiquait avec assiduité ses devoirs religieux et avait conquis le glorieux titre de membre de la fabrique de la paroisse.

L'administrateur était flanqué de deux des professeurs qu'il craignait le plus, MM. Drelincourt et Boutibonne. En affectant de rendre hommage à ces deux savants dont l'un était difficile et l'autre peu commode, il réussissait à les paralyser momentanément pendant le dîner, car la parole sarcastique de M. Drelincourt était surtout à craindre : inquiet, irritable, nerveux, le physicien ne cessait de lancer de terribles boutades, même sans épargner les gens de son bord.

Les autres professeurs étaient disséminés autour de la table, et le ton de M. Pardessus indiquait le cas qu'il faisait des uns et des autres.

A un bout se tenait Mlle Pardessus qui, de même que sa mère, apparaissait seulement dans les rares réceptions d'apparat. Elle n'y faisait pas figure.

Cette fille de trente ans, que le chagrin de ne pas se marier avait fait ressembler à une institutrice anglaise, était plongée dans l'idéal aussi profondément que son père était accroché à de matérielles ambitions. La tête d'Armance se balançait, plutôt qu'elle n'était supportée, sur un long cou, et des rubans bistrés couleur de soucis, sous les paupières, refoulaient profondément des yeux qui semblaient appartenir à une personne soumise aux pratiques du magnétisme.

Armance passait dans le Jardin du Roy pour avoir jeté à diverses reprises ses vues sur des naturalistes de l'établissement, particulièrement sur M. Drelincourt; mais le professeur de physique était d'allures si sautillantes, si oiseau, qu'il lui était impossible de se percher dans les branches de la pauvre fille trop semblable à un saule pleureur.

Armance était d'apparences si affectueuses, qu'un futur pouvait craindre d'être pris dans les enlacements d'une expansion qui avait trop tardé à être satisfaite.

— Ce ne serait pas un lien, disait M. Drelincourt, ce serait une liane.

A côté de la fille du directeur, le hasard avait placé M. Minoret, qui se tint d'abord sur la réserve avec Armance, quoiqu'il voulût lui témoigner des sentiments particuliers de prévenance; mais la femme était pour le savant un être mystérieux, indéfinissable, avec des qualités que faisait paraître encore plus exquises la grossièreté des hommes. Cette compagne, d'essence féminine délicate, M. Minoret l'avait

9.

possédée pendant quelques années ; il fut à même de goûter ses tendresses ; il l'aimait plus encore depuis la cruelle séparation, et cette vive affection se reportait sur les femmes en général, quoique le savant s'en éloignât par timidité ou insuffisance de leur être agréable. Comme Raleigh, M. Minoret eût voulu étendre son manteau sur les chemins difficiles par où passe la femme dans la vie ; mais les trois quarts de ce manteau n'avaient-ils pas été déjà donnés à la science ?

Faisant face à M. Minoret, à l'autre bout de la table, était le préparateur Claude dont la présence faisait scandale. Jamais les lois de la hiérarchie administrative n'avaient été si audacieusement violées : placer face à face d'un professeur célèbre son aide ! M. Drelincourt en tressauta sur sa chaise, car un tel manquement à l'étiquette et à la situation de M. Minoret ne l'attaquait pas seulement ; tout le corps professoral devait s'en montrer humilié. Qui pouvait assurer qu'un tel fait ne se reproduirait pas en d'autres circonstances, atteignant chaque chef de service ?

Claude ne se doutait nullement du scandale

que causait sa présence. Nature vulgaire, incapable de lire dans les sentiments des autres, gonflé de l'honneur que lui faisait M. Pardessus, il ne croyait pouvoir mieux y répondre qu'en mangeant gloutonnement de tous les plats; et il avait envie de crier *fameux!* à chaque mets dont il ne laissait pas trace sur son assiette.

Les gardiens de service, qui ont leur finesse particulière, n'attendaient pas une seconde que le verre de Claude fût vide, pour le remplir. Ils sentaient que le préparateur était des leurs, qu'il n'avait pas besoin de porter une livrée pour leur ressembler, que le parvenu était plus encore un domestique qu'un familier de l'administrateur, et qu'il y avait utilité à le traiter avec égards.

Cependant une forte bombe glacée, dont chaque cannelure offrait une coloration particulière, avait été apportée sur la table. Le baron Pardessus voulut lui-même en faire les honneurs à ses invités, et la première portion, coupée méthodiquement, fut attribuée au professeur de physique, avec la proportion d'égards que nécessitait le caractère agressif de ce convive irritable.

— Cher monsieur Drelincourt, dit l'administrateur, aurais-je le plaisir de vous offrir une tranche de cette bombe?...

Le professeur dut s'incliner devant cette marque d'attention.

— Elle est à la pistache et je vous la recommande spécialement, reprit M. Pardessus.

Presque aussi doux que le sucre de la bombe, tel se montrait exceptionnellement l'autocrate du Jardin du Roy.

— Monsieur Morateur, veuillez accepter un morceau de bombe, dit le baron Pardessus, d'un quart de ton moins gracieux que le précédent.

M. Morateur se répandit en excuses, vanta l'aspect merveilleux de la bombe qui sortait évidemment des mains d'un bon faiseur; mais il craignait pour sa digestion les effets de ce mets glacé.

A chaque convive, l'administrateur changeait de son de voix.

— Un peu de bombe! dit-il en s'adressant avec un ton de commandement à M. Minoret.

Le savant était incapable de saisir ces nuances.

Pour le préparateur, ce fut un ton plus familier que prit M. Pardessus.

— Claude, une forte tranche de bombe?

Sans être musicien, l'administrateur variait ses tons avec l'habileté d'un compositeur, et il jouait de la bombe comme d'un instrument.

Armance, craignant que M. Minoret n'eût été froissé de telles nuances, essaya de les adoucir.

— Si vous préfériez un morceau à la vanille, dit-elle à M. Minoret qui considérait son assiette avec la curiosité d'un enfant, je me ferais un plaisir d'échanger avec vous ma part; elle est à la framboise.

Cela fut dit d'un ton timide mais si désireux d'être agréable, que M. Minoret fut touché de cette prévenance.

— Merci bien, mademoiselle, dit-il.

La glace était rompue entre les deux voisins de table, et M. Minoret remarqua pour la première fois Armance, dont les yeux, malgré le ruban de soucis qui les entourait, avaient une douceur et un éclat particuliers. Dès lors, le naturaliste se laissa aller à la causerie. Au lieu de trouver dans la fille de son supérieur un être qui lui témoignât de la prévention, le savant rencontrait une femme qui, marquée du sceau de la mélancolie, était sans doute elle-même courbée sous le joug tyrannique de l'administrateur.

M. Minoret parla de sa Fanny, qu'il regrettait de laisser seule à la maison, et ce fut un autre homme lorsqu'il laissa percer ses tendresses pour sa fille. Les êtres affectueux sont des sensitives rarement ouvertes, mais qu'un son de voix, un geste, un regard sympathique font épanouir.

— Comment employez-vous vos soirées, mademoiselle ? demanda le savant à Armance.

— Je les passe près de ma mère, dit-elle. Parfois M. l'abbé Le Compasseur nous tient compagnie... C'est une existence un peu retirée, ajouta-t-elle d'un ton qui ne laissait pas de doutes sur la somme de mélancolies que la pauvre fille accumulait chaque jour.

— S'il vous plaisait, mademoiselle, que ma fille vous tînt parfois compagnie, Fanny est affectueuse, et je suis certain que vous vous entendriez avec elle.

Le baron Pardessus, qui ne quittait pas de l'œil ses convives, fixa en ce moment M. Minoret. L'expression avec laquelle il parlait à Armance donna de l'extension à une pensée subite qui avait traversé le cerveau de l'administrateur.

Pourquoi Armance n'épouserait-elle pas M. Minoret?

Ce serait un placement tout trouvé de la vieille fille, que M. Pardessus trouvait gênante. Et quel placement avantageux! L'administrateur paierait en bonnes grâces le professeur d'anthropologie au lieu de lui payer une dot en écus.

En sa qualité d'autoritaire devant lequel tout doit immédiatement plier, M. Pardessus arrêta ce projet dans son esprit et il put y songer à loisir, la conversation étant engagée entre les convives, à propos d'une question posée par l'abbé Le Compasseur.

— Est-il vrai, avait-il imprudemment demandé à son voisin, M. Comparet, que la nourriture influe d'une façon particulière sur le tempérament de ceux qui la consomment?

— Absolument, répondit M. Comparet.

— Absolument est peut-être un peu absolu,

mon cher collègue, dit M. Francazal qui avait entendu la demande et la réponse.

Cette discussion ayant attiré l'attention des convives, M. Comparet reprit la balle.

— Est-ce que les peuplades des bords de la mer, qui se nourrissent exclusivement de coquillages et de poissons, ne sont pas réputées par leur nombre considérable d'enfants?

M. Morateur inclina la tête en signe d'acquiescement à la vérité de cette observation.

— Le phosphore dont sont imprégnés les poissons circule dans l'économie et agit en qualité d'excitant génital.

L'abbé Le Compasseur baissa les yeux.

— Monsieur Comparet, dit M. Pardessus, vous oubliez que nous ne sommes pas ici à l'amphithéâtre.

— Je laisse de côté la question prolifique, reprit M. Comparet; j'ajouterai que ces peuplades, hommes, femmes et enfants, passent la moitié de leur vie dans la mer et sont d'excellents nageurs.

M. Morateur se préparait à donner son assentiment muet à cette réponse.

— Si vous vous en rapportez à la nourriture pour avancer que ces insulaires en arrivent, par la digestion, à nager comme des poissons, dit M. Boutibonne, vous m'accorderez alors que Saturne, qui avalait des pierres, devait être bien endurci.

M. Drelincourt, qui jusqu'alors s'était tu, reprit le dé :

— Un homme est réputé sans cervelle, dit-il; d'après votre système il devrait donc en manger de frites à tous les repas ?

M. Morateur hocha la tête pour prouver à M. Drelincourt qu'il était de son avis, et M. Minoret se laissa aller à un rire d'enfant qu'un mot amuse.

— Quelle précieuse bonne humeur vous avez gardée! lui dit Armance.

L'effet produit par ce dernier trait avait modifié l'attitude des convives. Le baron Pardessus lui-même avait daigné sourire ; aussi bien l'idée d'une union possible entre Armance et M. Minoret lui faisait perdre momentanément son ton rogue et son autoritarisme.

— Monsieur Jumeau-Rogniat, dit-il, pourriez-vous nous dire les vers qu'on a composés pour votre mariage ? Monsieur l'abbé Le Compasseur ne les connait pas et je crois qu'ils lui plairaient.

Jumeau-Rogniat, le jardinier en chef du Jardin du Roy, parut troublé à cette demande.

— C'est que, dit-il, je ne me rappelle plus...

— Les vers sur le mariage! s'écriaient les convives.

— Monsieur Jumeau-Rogniat, dit Armance, je vous soufflerai... Tenez...

> Lorsque dans les champs d'alentour
> Vous cherchiez des roses nouvelles...

De la tête, M. Morateur engageait Armance à continuer.

— Il faut une explication d'abord, dit le jardinier en chef ; sans quoi M. l'abbé ne comprendrait pas...

— L'explication, l'explication! demandèrent les convives.

— D'abord il faut dire que ces vers furent composés par mon collègue et ami, M. Agassac.

— Bravo, monsieur Agassac, dit M. Morateur.

— Je devais donc me marier, reprit le jar-

dinier, et ma future avait pour prénom Rose...
C'est ce qui rend piquante la composition de
mon ami M. Agassac.

— Très bien, crièrent quelques convives pour
encourager M. Jumeau-Rogniat.

Le jardinier se recueillit de nouveau, se leva,
et d'une forte voix déclama :

> Lorsque dans les champs d'alentour
> Vous cherchiez des roses nouvelles,
> Eussiez-vous pensé que l'Amour
> Se glisserait dans l'une d'elles ?

— Délicieux ce quatrain, cria l'abbé Le
Compasseur.

— Ce n'est pas tout, dit Armance.

— Je ne sais plus, fit le jardinier.

— *On ne vous verra plus...*, souffla Armance.

— Oui, dit M. Jumeau-Rogniat :

> On ne vous verra plus voltiger...

Le jardinier était doué d'une basse-taille des
plus prononcées ; sa façon de déclamer ce vers
faisait penser à un éléphant dansant sur une
toile d'araignée.

Armance, le voyant embarrassé, lui souffla :

> On ne vous verra plus voltiger
> Sur chaque fleur à peine éclose...

— Ah! ah! séducteur, comment allez-vous vous tirer de là? dit M. Drelincourt.

— Moi, séducteur! s'écria M. Jumeau-Rogniat... Je prends à témoin mon ami M. Agassac qu'il n'a pas voulu me faire passer pour un séducteur.

— Ne faites pas attention aux interruptions, monsieur Jumeau-Rogniat, et achevez de nous dire ce morceau de poésie...

— On me brouille la tête, dit le jardinier, je ne sais plus où j'en suis...

— Le soleil était très ardent aujourd'hui, dit M. Drelincourt à son voisin M. Francazal ; notre collègue M. Jumeau-Rogniat se sera sans doute exposé, dans le jardin, la tête nue, comme d'habitude... Ceci, joint à sa conduite de séducteur, explique la perte de mémoire, une baisse des facultés mentales, et sans doute dans l'avenir un ramollissement... Juste châtiment qui attend les hommes qui ne savent pas mettre un frein à leurs passions.

M. Francazal regarda avec stupéfaction M. Drelincourt. Le professeur de physique avait une réputation très établie de coureur de femmes ; mais le flegme avec lequel il parlait était impénétrable, et l'honnête M. Francazal resta à méditer le ton de son interlocuteur.

Cependant, à l'extrémité de la table, les convives pressaient Armance de réciter le morceau de poésie qu'on ne pouvait arracher à la mémoire de M. Jumeau-Rogniat.

— Silence, messieurs, dit M. Pardessus comme s'il eût parlé à une classe d'élèves.

Alors Armance récita :

> Lorsque dans les champs d'alentour,
> Vous cherchiez des roses nouvelles,
> Eussiez-vous pensé que l'Amour
> Se glisserait dans l'une d'elles ?
> On ne vous verra plus voltiger
> Sur chaque fleur à peine éclose :
> Le papillon le plus léger
> Se fixe en voyant une rose.

— Très bien dit, mademoiselle, murmura M. Minoret qui osait, pour la première fois, faire un compliment.

Pendant que tous les convives applaudissaient, se levant de table pour serrer la main de l'auteur du poème, Drelincourt se trouva en face de M. l'abbé Le Compasseur, qui avait encore la figure épanouie en pensant au papillon, à la rose.

— Ce morceau de poésie voile bien des turpitudes, lui dit-il.

Comme le prêtre semblait ébahi, M. Drelincourt lui prit la main :

— Je sais, monsieur l'abbé, que nous sommes du même avis.

Tel était le suprême plaisir de M. Drelincourt, d'étonner les gens, de les laisser sous le coup de la stupéfaction et de passer à une autre victime.

A M. Jumeau-Rogniat il dit :

— Ne m'en veuillez pas du mot « séducteur » qui m'est échappé... Je m'empresse de le retirer ; avouez pourtant que vous ne dédaignez point la bagatelle... Et vous avez raison...

Sautillant par la salle, M. Drelincourt s'adressa à l'auteur de la poésie :

— Mon cher Agassac, comme vous connaissez les profondeurs du cœur humain !

Malgré ces sarcasmes, la soirée finit agréablement, et le Corridor-qui-parle n'entendit pas, lors de la rentrée des professeurs, les habituelles récriminations des chefs de service contre l'administrateur.

Une éclaircie avait rayonné sur le front de l'autocratique personnage; un nouveau titre honorifique avait peut-être adouci sa superbe

XIV

ARMANCE

A la suite de ce dîner, des relations furent engagées entre Armance et Fanny; d'abord courtes et polies, elles devinrent cordiales et fréquentes. Fanny, qui cherchait à se montrer prévenante envers tous, s'ingéniait à distraire Armance, dont la vie au Jardin du Roy pouvait se comparer à celle d'une recluse. Placée entre un père plein de morgue et une mère qui abusait des pratiques religieuses, la pauvre fille avait senti s'égrener une à une les années de sa jeunesse et était arrivée aux approches de la trentaine, voyant les jours s'écouler avec la persistante lenteur de gouttes d'eau d'une fontaine presque tarie. Une à une les illusions d'Armance s'étaient envolées; elle eût souhaité être tout amour; son père et sa mère refoulaient en elle les affections qui tendaient à s'épanouir.

Tout être qui ne concourait pas à la réussite des visées ambitieuses de M. Pardessus, il le repoussait.

En dehors de la messe basse quotidienne, des assemblées de charité, des saluts du soir à l'église, Mme Pardessus ne voyait rien. Armance l'accompagnait le dimanche aux offices ; mais l'exercice constant du rosaire, les prières et les lectures pieuses dans lesquelles était plongée la mère ne répondaient pas aux aspirations de la fille. La religion n'avait pas touché Armance de son aile : ce n'était point pour elle cet idéal qui frappe tant d'esprits féminins.

Sans doute, Armance ne se refusait pas à faire une bande de tapisserie pour le fameux tapis de chœur auquel travaillaient depuis des années les dames paroissiennes de l'église de Saint-Jacques-du-Haut-Pas; mais elle y apportait un concours machinal et ne collaborait pas à ce travail avec l'enthousiasme des dévotes pour qui chaque point d'aiguille semblait un pas de plus dans la direction du Paradis.

Quand l'abbé Le Compasseur fit un prêche spécial sur cette tapisserie, qui n'avait pas demandé moins de six ans de travail, et alors qu'il accablait de remercîments ses ouailles avec une chaleur presque égale à celle du tapis bien rembourré, Armance resta froide. Les dévotes admiraient l'éloquence de leur pasteur qui mêlait les pelotes de laine aux textes latins, les points d'aiguille à des citations de la Bible, les vives colorations du tissu au nimbe du Seigneur ; cette salade mystique ne répondait en rien à l'esprit d'Armance.

Sur ce point, Armance était bouchée ; elle n'était pas arrivée à l'état de ces saintes Thérèse qui, derrière le Sauveur, entrevoient une figure moins immatérielle et entremêlent à leur mysticisme des ardeurs trompeuses. Armance n'avait pas encore perdu tout espoir de se marier.

Ce fut donc avec joie qu'elle entra dans l'intérieur des Minoret et lia commerce d'amitié avec eux. Fanny, qui lui témoigna tout d'abord une affectueuse déférence, pouvait devenir une amie qui comprendrait les mélancolies de la pauvre fille.

Mme Pardessus, qui ne cachait rien à son mari, crut devoir l'informer de la liaison d'Armance avec Fanny et de son assiduité à se rendre dans la maison de l'anthropologiste. La femme de l'administrateur avait entendu plus d'une fois le fonctionnaire se répandre en récriminations contre M. Minoret, et elle craignait que M. Pardessus n'approuvât pas une telle liaison.

— Armance a raison de se créer une société, dit l'administrateur ; celle de l'intérieur de M. Minoret lui convient... Laissons Armance libre de ses actions.

M. Pardessus ajouta que sa fille pouvait fréquenter le professeur d'anthropologie sans crainte d'entendre de méchants propos contre l'administration supérieure.

Après son dîner, qui se terminait régulièrement à sept heures, M. Minoret avait l'habitude de faire avec Fanny une partie de tric-trac qui durait non moins régulièrement une heure et demie. C'était le seul délassement que se permît le naturaliste ; après quoi, il se remettait au travail, classant ses notes, ses travaux de la journée et taillant de la besogne pour le lendemain.

Fanny, vive, pleine de mouvement, manquait d'enthousiasme pour le tric-trac ; elle y jouait pour faire plaisir à son père ; mais la pauvreté de ses combinaisons témoignait de son manque d'attention à la partie.

Armance assista à diverses reprises à ces parties qu'elle priait de ne pas interrompre pour elle, et affecta de suivre avec attention la pose des pions, quoiqu'elle n'en connût pas la marche.

— Vous avez appris le tric-trac, mademoiselle ? demanda M. Minoret...

— Ce jeu me semble intéressant, répondit Armance, ; si ce n'était pas trop demander que de prier mademoiselle Fanny de me donner quelques leçons ?...

— Des leçons de ma fille ! s'écria dédaigneusement le savant. Si vous le désirez, mademoiselle, je m'offre pour vous montrer la marche.

Armance accepta. Comme tous les êtres mélancoliques, elle avait soif d'échapper à ses pensées ; n'était-ce pas l'occasion, d'ailleurs, de se rattacher plus étroitement à un intérieur où en entrant elle éprouvait une salutaire impression ?

Au bout d'une quinzaine, M. Minoret complimenta Armance sur son aptitude au jeu.

— Vous êtes déjà plus forte que Fanny ! lui dit-il.

— Tant mieux ! s'écria celle-ci, ne se rendant pas compte qu'elle venait de pousser un cri de délivrance.

M. Minoret, un peu surpris, regarda sa fille qui rougissait.

— Si réellement mademoiselle Armance prend plaisir au tric-trac, elle pourra quelquefois me remplacer et faire ta partie, père. J'en profiterai pour terminer de la besogne bien en retard.

— J'accepte avec grand plaisir, dit Armance.

— Comment, mademoiselle, vous me feriez l'honneur d'être la partenaire d'un vieux savant qui souvent ne parle pas de la soirée et n'a rien d'agréable à dire à une femme ?

— Je m'offre de tout cœur, reprit Armance, et je vous serai redevable d'une distraction peu commune au Jardin du Roy.

M. Pardessus connut ces détails par sa femme, à qui Armance avait fait part de l'emploi de ses soirées.

— Ma fille ne peut mieux employer ses loisirs, dit-il.

Rarement M. Pardessus donnait son acquiescement à un fait quelconque ; Mme Pardessus regarda avec un certain étonnement le tyran qui d'habitude récriminait contre toutes choses.

— Je ne vois pas de mal à ce que tu continues de faire la partie de ce brave Minoret, dit l'administrateur à sa fille.

— C'est un excellent homme, dit Armance.

— Je sais qu'il faisait bon ménage avec sa femme, reprit M. Pardessus.

— A quelques mots, je me suis aperçue combien il la regrettait.

— Regrets superflus! s'écria l'administrateur... Minoret est bien conservé... Il eût dû se remarier...

— Fanny l'adore.

— Elle se mariera elle-même un jour... Toutes les filles sont faites pour s'établir, et c'est par suite de prétentions exagérées que beaucoup d'entre elles s'entêtent dans le célibat.

— Oh! père! s'écria Armance.

— Tu finiras par le mariage, quoique tu aies attendu bien longtemps, dit M. Pardessus qui se faisait paterne, au grand étonnement de sa fille.

Pour la première fois, l'administrateur semblait témoigner quelque préoccupation de l'avenir d'un autre que lui.

— Je ne demande qu'à vous obéir en tout, père! s'écria Armance, craignant que M. Pardessus ne se méprît sur ses intentions.

A diverses reprises, ce sujet revint sur le tapis entre le père et la fille, le directeur s'efforçant de faire miroiter devant les yeux d'Armance les avantages d'une union prochaine.

— Tu épouseras M. Minoret.

Telle était la parole que M. Pardessus avait peine à arrêter sur ses lèvres; mais il entrait dans ses plans que cette pensée vînt d'elle-même à Armance. L'administrateur insistait actuellement sur la science de M. Minoret, torturait sa bouche pour en faire l'éloge et n'arrivait pas à se faire comprendre de sa fille, qui était à mille lieues de ce projet.

Sans doute, l'intérieur du naturaliste était agréable à fréquenter; mais Armance ne pouvait regarder comme un idéal d'être rivée chaque soir à une table de tric-trac pour délasser un savant détaché des plaisirs du monde.

Sa partie terminée, M. Minoret redevenait un personnage plongé dans l'étude, qui n'avait plus rien de commun avec ceux qui l'entouraient.

Pendant ces soirées, M. Minoret débourrait ses poches de nombreux petits feuillets, sur lesquels il avait inscrit ses observations de la journée. Ces feuillets devaient être classés dans des cartons, et c'était plaisir que de voir les yeux pétillants du naturaliste heureux d'ajouter une nouvelle note à des milliers d'autres. M. Minoret s'arrêtait alors devant ses nombreux dossiers et les admirait comme une mère de famille qui, à la promenade, marche entourée d'une douzaine d'enfants.

De temps à autre, Fanny lançait un regard malicieux à Armance pour lui faire remarquer la préoccupation pleine de félicité du savant si méthodique. Cette méthode n'en avait pas moins ses trous. Les feuillets à classer entraient facilement dans leurs dossiers; mais les notes inclassables étaient infinies, et M. Minoret devenait rêveur en face d'un fouillis de petits papiers qui n'avaient jamais pu cadrer avec un enregistrement régulier.

Le naturaliste avait bien inventé un portefeuille qui portait sur ses flancs, en gros caractères : A CLASSER ; mais à ce portefeuille en avait succédé un autre, puis cinq, puis dix, qui, ventrus, défiaient les cordes de les rassembler et dont les mille chiffons de papier débordaient par les interstices.

Dans ces portefeuilles gisaient des trésors pour M. Minoret, chagrin de ne pas en jouir. A de certains soirs, il prenait le portefeuille le plus bourré et, résolu à classer les inclassables, étalait sur tous les meubles de l'appartement des feuillets qu'il espérait grouper par séries; les séries ne se formaient pas et amenaient de légers conflits entre Fanny et son père.

— Pas sur ma table à ouvrage, père, disait-elle en voyant le débordement de papiers s'avancer de son côté.

Armance, qui assista maintes fois aux fameux rangements du naturaliste, avait remarqué sa candeur, son attache à la science; mais elle n'eût jamais pensé aux projets de son père, pas plus que M. Minoret n'y songeait.

Une telle indifférence ne répondait pas aux visées de M. Pardessus qui avait rêvé une alliance telle qu'elles se pratiquent entre souverains alliés, c'est-à-dire l'union d'un prince et d'une princesse condamnés à se donner la main dans le but de servir des intérêts internationaux. De ce côté, l'administrateur du Jardin du Roy était inébranlable et son autoritarisme lui commandait de décider du sort d'Armance, sans que le père s'inquiétât des suites heureuses ou malheureuses d'une semblable union.

— Claude, dit-il un jour au préparateur de l'anthropologiste, M. Minoret a remarqué ma fille ; de son côté, votre patron n'est pas indifférent à Armance... J'entends que ce mariage se fasse à bref délai.

Claude regarda son supérieur avec stupéfaction.

— Si M. Minoret hésitait en cette matière comme en beaucoup d'autres, suivant son habitude, je compte sur vous, Claude, pour pousser votre chef à me faire sa demande immédiate... Vous ne semblez pas me comprendre ?

— Pardon, monsieur l'administrateur, mais...

— Pas de *mais*, je ne les admets pas ; aucun mariage n'aboutirait si on se laissait envelopper par des *mais*... J'ai le sens pratique de la vie, je vois juste... Ce parti est des plus sortables pour M. Minoret. Il devient le gendre de l'administrateur du Jardin du Roy..., vous entendez ?... Jamais M. Minoret n'a pu rêver une pareille-fortune... La mission est facile ; vous avez trois jours pour l'accomplir. Allez...

Tant qu'il ne s'était agi que d'espionner M. Minoret, Claude s'était senti dans son élément ; il n'en était pas de même de l'exercice d'un poste d'agent matrimonial si spontanément créé. Il n'avait jamais été question entre le naturaliste et son aide de matières étrangères à la science ; comment arriverait-il à faire poser à M. Minoret un pied sur le terrain si délicat du mariage ?

Claude resta deux jours perplexe près du naturaliste, cherchant la fissure par laquelle il pourrait introduire sa sonde. Élevé au village, cet être sournois avait gardé un fond de rusticité, et le petit monde des professeurs qu'il coudoyait au Jardin du Roy ne lui avait pas communiqué la politique nécessaire en pareille matière. Lent dans ses conceptions, observant de côté toutes choses, malgré l'impatience de l'autoritaire M. Pardessus qui voulait être obéi sur l'heure, Claude cherchait les moyens d'obtenir un délai.

Le soir du troisième jour, le préparateur rentrait soucieux dans la mansarde qu'il occupait au-dessus du logement de M. Morateur, lorsqu'au moment de franchir l'escalier il se trouva en face d'Échidna, qui l'accueillit avec un sourire engageant.

— Vous n'entrez pas un moment, monsieur Claude, lui dit-elle.

Et elle ajouta :

— Vous vous faites rare, ce n'est pas aimable.

Échidna, qu'inquiétaient les liens secrets rattachant Claude à l'administrateur, jugeait essentiel de recueillir quelques miettes des matières qui se traitaient dans le cabinet de M. Pardessus ; c'est pourquoi elle mêlait autant de miel que possible à son venin, pour amadouer le protégé du directeur.

Claude entra chez Échidna ; aussi bien, elle ne lui avait pas lâché la main ; mais le préparateur se tint sur ses gardes avec la femme qu'il savait experte dans l'art d'arracher des confidences.

Il était à peine assis.

— Quelles nouvelles, monsieur Claude ? demanda Échidna.

Cette question, à laquelle le préparateur s'attendait, lui fit faire un de ces gestes douteux qui appartiennent en propre aux gens boutonnés.

— Pas de nouvelles ! s'écria Échidna avec la désillusion d'un être qui, attendant une lettre importante, voit passer le facteur devant la porte sans entrer.

— Il y a toujours des nouvelles... reprit Échidna.

— Ma position est tellement modeste et je vis si retiré, dit Claude, que j'ignore ce qui se passe autour de moi.

Échidna soupira.

— Est-ce que l'existence vous semble possible sans nouvelles ?

Ces questions ouvrirent un horizon au préparateur. Échidna pouvait lui servir d'instrument. La vipère était peut-être, dans le cas actuel, une trompette providentielle, et celui qui soufflerait ferme dans son embouchure resterait invisible, s'il était nécessaire.

— Je ne sais rien que vous ne sachiez, madame, dit Claude.

— Je sais donc quelque chose ? s'écria Échidna.

— Bien certainement, reprit Simon, vous n'êtes pas sans avoir connaissance d'un bruit répandu depuis plusieurs jours dans l'établissement:

— Un bruit ! Quel bruit ? Dites, parlez !

— Ce bruit est si singulier que j'ose à peine y croire.

— Un bruit singulier !

Au ton d'Échidna, Claude constata avec plaisir qu'elle se regardait comme outragée de n'avoir pas recueilli l'écho d'un bruit qualifié de singulier. Sa surveillance était donc en défaut ? Ses oreilles n'entendaient donc plus ?

Elle regarda fixement Claude qui baissait les yeux.

— Vous en avez trop dit pour ne pas parler, monsieur Claude, reprit-elle.

Mais Échidna avait affaire à un paysan madré.

— Du moment où la nouvelle n'est pas connue de vous, madame, je ne me crois pas autorisé à la répandre.

— Une nouvelle ! s'écria Échidna. Ce n'est donc pas un simple bruit ?

— Et il m'en coûterait d'autant plus de propager cette nouvelle, qu'elle concerne mon chef de service.

Claude se leva et fit mine de sortir.

— Vous voulez parler de M. Minoret... Je tiens à savoir... Je suis une femme à qui on peut tout confier...

— La nouvelle est trop grave...

— Qu'importe? Ceci restera entre vous et moi...

— Si on savait?

— On ne saura pas.

Claude fit quelques pas pour se retirer. D'un bond Échidna se jeta entre lui et la porte.

— Vous ne sortirez pas, monsieur, que vous ne m'ayez fait connaître la nouvelle, car ce serait se jouer de moi que d'entrer ici en voisin et de s'en aller après m'avoir affriandée... Réfléchissez, monsieur Claude; je n'aime pas ces sortes de tentations qui prennent un caractère d'injure dont je me souviendrais à l'occasion.

Claude avait réussi. Il voulait que son secret lui fût arraché de force.

— On parle, dit-il, d'une détermination singulière à laquelle se prépare M. Minoret, malgré son âge.

— Un mariage! s'écria Échidna, dont l'esprit était fertile en inductions... M. Minoret se remarierait... Il espère pouvoir monter encore au labyrinthe ?... Et avec qui M. Minoret se remarie-t-il?

Claude resta indécis. Il jouait gros jeu.

Échidna dardait sur lui des yeux ardents et froids qui plongeaient au plus profond de son être.

— La nouvelle est tellement délicate que je n'en crois pas un mot, dit-il.

— Qu'importe?

Encore une fois Claude réclama un absolu secret.

— Ma position, dit-il, est bien humble; mais celle de M. Morateur lui-même pourrait être compromise si quelqu'un, que je ne puis nommer, savait qu'une nouvelle si grave a été mise en circulation par la femme d'un chef de service.

— Armance! s'écria Échidna.

— Je ne l'ai pas dit, fit Claude en étendant les bras vers la femme du professeur comme pour reprendre la nouvelle.

— Je m'en doutais, reprit Échidna... Il n'y a plus à s'étonner maintenant de la liaison de ces deux demoiselles, des soirées passées par Armance chez M. Minoret... Mais tout le personnel le savait!

— C'est ce que je vous disais, madame, fit Claude... Je me doutais qu'il n'était pas nécessaire de vous confier un bruit qui courait dans tout le Jardin du Roy.

— Que pense de ceci M. Pardessus?

— Vous n'ignorez pas, madame, combien monsieur l'administrateur est réservé.

Échidna, au comble de l'agitation, ne tenant plus en place, semblait pousser maintenant Claude à abréger sa visite. Encore une fois celui-ci demanda le secret.

— Comment donc! dit Échidna avec ironie. Un secret connu de tout l'établissement!

Claude sortit de cette entrevue, plus rassuré, mais toutefois avec un reste d'inquiétude. La mèche qui devait mettre le feu au pétard du projet d'union entre Armance et M. Minoret était allumée.

Heureusement Échidna avait dit : *Je le savais*. En parlant de la sorte, elle innocentait Claude si M. Pardessus trouvait dangereuse une semblable révélation. La vérité est que le préparateur n'avait prononcé ni le nom de son chef ni celui de la fille de l'administrateur; par d'habiles amorces, il avait posé pour ainsi dire ces noms sur les lèvres de la vipère.

Rentré chez lui, à peine cinq minutes après avoir quitté Échidna, Claude la vit sortir; certainement elle allait répandre la nouvelle dans le monde des femmes du Jardin du Roy.

Le mariage est, de tous les thèmes sociaux, celui qui fournit les plus riches variantes. Rapports d'âge des deux époux, amour ou convenances, dot, toilettes, cadeaux, offrent des éléments divers parmi lesquels les femmes n'ont qu'à choisir. Les petits centres en France sont tellement préoccupés de la question des mariages que les désœuvrés en fabriquent même quand ils n'existent pas, et que deux êtres qui ne se sont jamais regardés sont unis par l'opinion publique faisant fonctions de maire. Si une ville de quelques mille âmes travaille avec tant d'assiduité au prologue des fiançailles d'un couple, l'annonce d'un semblable événement devait être bien plus considérable encore à l'intérieur du Jardin du Roy.

Claude, pour se mettre à couvert, alla trouver M. Pardessus.

— Eh bien ? lui demanda l'administrateur.

Claude répondit qu'il n'avait pas trouvé en trois jours l'occasion de sonder M. Minoret.

M. Pardessus témoigna une vive impatience. Comment un projet qui lui était entré dans l'esprit avec la rapidité d'un éclair, pouvait-il ainsi traîner alors que le négociateur avait des ordres précis?

— Je rapporte cependant des nouvelles, monsieur l'administrateur, dit Claude; elles m'ont paru importantes, et c'est pourquoi j'ai pris la liberté de venir vous demander quelle conduite j'aurais à tenir ultérieurement.

M. Pardessus écoutait, l'air maussade.

— Le projet d'union entre M. Minoret et mademoiselle votre fille est répandu dans le Jardin du Roy.

Dans les sourcils touffus de l'administrateur d'épais nuages s'amoncelèrent.

— Vous en avez parlé! s'écria-t-il d'une voix menaçante.

— C'est Mme Morateur qui me l'a appris hier.

— La vipère?... Alors tout le quartier le sait...

L'administrateur se promenait de long en

large, jetant des coups d'œil de défiance, même aux meubles.

— Croyez-vous que M. Minoret se soit ouvert à quelqu'un sur ce sujet?

— Il ne m'a rien dit, fit Claude.

— Vous deviez le tâter, suivant mes ordres.

— Je me disposais aujourd'hui même à accomplir la mission dont m'a chargé monsieur l'administrateur, si Mme Morateur ne m'avait prévenu.

— Que dit-elle de cette union?

— Elle m'a paru traiter M. Minoret avec peu de sympathie...

— La méchante langue n'a d'égards pour personne.

Un moment de silence succéda à ces brèves paroles.

— Je retourne au laboratoire, dit Claude embarrassé; ce soir j'espère apporter à monsieur l'administrateur un résultat plus satisfaisant.

— Non, ne dites rien à M. Minoret... Interrogez adroitement les professeurs, entrez dans les différents services sous un prétexte quelconque, écoutez les entretiens dans les corridors et revenez me trouver après-demain, j'aurai avisé...

Claude prit le chemin de la porte.

— Attendez! reprit M. Pardessus ; si mes chefs de service paraissaient se défier de vous, et que personne ne s'ouvrît à ce sujet, ne craignez pas d'ouvrir le feu... Parlez du mariage comme d'un fait accompli. Interrogez par exemple, sous cette forme : Vous n'auriez pas entendu dire que M. Minoret épouse la fille de M. l'administrateur?... Je vous y autorise, puisque la nouvelle circule dans l'établissement.

Claude sortit en respirant plus librement. Ses manœuvres avaient bien tourné.

Quand le baron Pardessus fut seul, il se frotta les mains.

— Armance est compromise, s'écria-t-il du ton d'un négociant qui dit à sa femme : Nous avons fait aujourd'hui une fameuse recette.

M.

XV

LES CADEAUX DE NOCE

Sans se douter de l'occupation excessive dont il surchargeait les imaginations des habitants du Jardin du Roy, M. Minoret marchait maintenant plein de quiétude dans la vie. Heureux d'échapper aux altières réprimandes du baron Pardessus, le savant, oublieux du passé et jouissant du présent, eût même au besoin défendu l'administrateur contre ses détracteurs.

— Quelle belle mine vous avez, Minoret! lui avait dit familièrement M. Pardessus.

Une autre fois :

— Vous rajeunissez, Minoret, je voudrais bien connaître votre secret.

Rajeunir! Le naturaliste était tout ravi. Il lui restait donc encore quelques années à consacrer à la science. Aussi fallait-il voir M. Minoret se redresser, le nez au vent, aspirant avec volupté de l'air pur pour le faire circuler dans son corps fatigué par l'étude.

En traversant de grand matin le Corridor-qui-parle, avant que personne y passât, car le savant n'aimait pas commencer la journée par d'inutiles parlottes, M. Minoret se sentait alerte comme l'oiseau qui, secouant ses ailes, fait entendre sa chanson matinale pour saluer la nature, avant de se mettre en quête de provisions pour ses petits. C'étaient des provisions de science que le naturaliste allait quérir de grand matin à son laboratoire; ses petits, n'était-ce pas le public auquel il donnait la « pâtée » scientifique?

A l'heure où tant de gens sortent du lit, M. Minoret avait déjà accompli une partie de sa tâche, qui lui était rendue facile par la solitude et le recueillement. A la suite de quoi, le savant faisait le tour du Jardin du Roy, promenant ses pensées, qui coloraient d'un ton vif les arbres, les plantes, les herbes les plus modestes. Tout alors parlait science à l'anthropologiste; aucune amertume n'en troublait l'harmonie, et c'était grâce à la nouvelle attitude de M. Pardessus à son égard que M. Minoret devait cette jouissance de goûter la nature.

Ce fut un matin que Mme Boutibonne rencontra M. Minoret dans cet heureux état d'esprit. Après l'échange habituel de politesses, la femme du géologue, qui était une personne avisée, mit la conversation sur le compte de M. Pardessus. Répertoire ordinaire des membres de l'établissement. Pour la première fois les oiseaux purent entendre l'éloge de l'administrateur.

— M. Pardessus est au comble des honneurs, disait Mme Boutibonne ; malheureusement sa fille ne se marie pas.

M. Minoret ne s'arrêta pas à cette singulière déduction ; les sentiers dans lesquels la femme du géologue cherchait à l'entraîner lui étaient fermés.

— Mlle Armance a pourtant tout ce qu'il faut pour faire le bonheur d'un homme.

— Elle est aimable, répondit M. Minoret.

— N'est-ce pas? Je ne vous le fais pas dire.

— Le hasard a fait lier Mlle Armance avec ma fille, et je n'ai qu'à me louer de ses prévenances.

— Armance montre beaucoup de sens en n'affichant pas les airs outrecuidants de son père, dit Mme Boutibonne, et je ne comprends pas qu'elle ne soit pas établie plus tôt.

M. Minoret, d'un geste, sembla acquiescer à ce propos.

— Un ménage serait admirablement tenu par Armance; elle a de l'ordre, elle n'aime pas les plaisirs du monde... Sans doute Armance n'est pas précisément jolie... Elle a de beaux yeux.

— Ah! fit M. Minoret, qui ne paraissait pas s'être arrêté à ce détail.

— De beaux yeux entrent pour beaucoup dans la physionomie d'une femme... En outre, Armance a une belle taille... un peu grêle peut-être ; mais le mariage lui donnera du corps.

Ce panégyrique ne rendait pas M. Minoret rêveur.

— Vous ne me parlez pas de Mlle Boutibonne, dit-il, c'est elle qu'il faudrait songer à établir.

Sans se rendre compte des tendances de cette conversation, M. Minoret venait de poser le doigt sur un endroit sensible.

Les mères qui ont des filles à établir de

viennent compliquées et suivent des voies tortueuses qu'un Talleyrand admirerait.

Julie Boutibonne avait vingt-quatre ans et ne paraissait pas près de sortir du sein de sa famille. Heureusement pour elle, elle possédait une mère qui, ayant reconnu la difficulté de donner sa fille en mariage à quelque attaché du Jardin du Roy, projetait, sur les divers chemins par lesquels pouvaient se présenter des épouseurs, des regards ardents.

De même qu'un cheval de bataille qui, au son de la trompette, se précipite dans la mêlée, les oreilles de Mme Boutibonne avaient pointé en entendant parler du futur mariage de M. Minoret et d'Armance. La sensation qu'elle en ressentit fut d'un ordre particulier. Tout d'abord, la mère jalousa Armance sur sa « chance » ; mais c'était la fille de l'administrateur : une sorte de hiérarchie s'affirmait d'autant plus que la fille de M. Pardessus approchait de l'extrême limite de la trentaine.

L'union annoncée offrait d'ailleurs l'avantage de frayer une piste. Armance mariée laissait le champ libre aux autres filles à établir du Jardin du Roy. Julie Boutibonne se présentait alors en première ligne : une union entre habitants de l'établissement donnerait sans doute à réfléchir à des célibataires endurcis.

Dès lors Mme Boutibonne se posa en admiratrice d'Armance, et les sentiments de jalousie qui germaient en elle, elle les étouffa sous une sympathie de commande. Profonde politique, la mère, en faisant alliance avec Armance, prenait en main la défense de toutes les filles à marier. Il en est rarement sans quelques tares physiques ou morales : Mme Boutibonne les masqua en donnant des rondes-bosses accentuées aux qualités d'Armance.

Toutefois, dans le court entretien entre M. Minoret et la femme du géologue, elle s'étonna de l'indifférence avec laquelle le savant avait écouté l'étalage des qualités de sa future. Ce n'était pas là l'attitude d'un homme fort épris.

— Peut-être M. Minoret est-il hésitant? se dit Mme Boutibonne.

Songeant que le mariage était moins avancé que ne l'avait fait entendre Échidna, en temporisatrice prudente Mme Boutibonne se résigna à observer. Elle voulut cependant reconnaître la piste; dans ce but, elle rendit visite à Mme Pardessus, en ayant soin de s'y présenter à l'heure où était absente la femme de l'administrateur. Reçue à la porte par une servante, Mme Boutibonne fit mine de se retirer en laissant sa carte; mais Armance, qui avait entendu une personne parlementer avec la femme de chambre, vint au-devant de la femme du géologue et la pria d'entrer en attendant le retour de sa mère.

Ce qu'avait esquissé Mme Boutibonne avec M. Minoret, elle le continua avec Armance. Elle entama un éloge à outrance du savant et trouva la fille de l'administrateur plus ouverte sur ce terrain. Armance parla avec sympathie du naturaliste et força peut-être la note, car elle savait combien M. Minoret avait été opprimé dans l'établissement. A son tour Mme Boutibonne renchérit sur le thème, espérant qu'Armance ouvrirait peut-être un coin du rideau touchant le mariage futur.

— Vous avez bonne mine, ma toute belle, dit à Armance la femme du géologue en sortant; on voit que vous êtes heureuse de vivre.

Heureuse de vivre! Armance se regarda aussitôt dans une glace pour voir si véritablemen elle était « toute belle », comme le lui avait dit obligeamment Mme Boutibonne. Le miroir rendit l'image d'une femme qui n'envisageait pas la vie sous un jour bleu.

Cependant, que signifiaient ces affabilités si nouvelles pour Armance, les regards scrutateurs dont elle se sentait enveloppée? Il lui semblait qu'on la regardait au fond du cœur. Le même jour, la fille du directeur rencontra Échidna; le nez effilé de cette méchante femme entra en elle comme une vrille.

En proie à de vagues inquiétudes, Armance se rendit le soir, comme d'habitude, chez les Minoret.

— Julie Boutibonne, lui dit Fanny, viendra demain, accompagnée de sa mère, passer la soirée chez nous. J'ai pensé que cette rencontre ne vous serait pas désagréable.

— À l'exception de Mme Morateur, reprit Armance, j'aurai toujours plaisir à voir les dames de l'établissement; aussi bien, Mme Boutibonne est venue hier à la maison et s'est montrée des plus aimables.

Fanny avait été élevée dans la même pension que Julie, et les deux jeunes filles, à peu près du même âge, se seraient vues plus assidûment si M. Minoret n'avait pas été trop absorbé par ses travaux pour recevoir. Actuellement, la porte ouverte à Armance, le plaisir que trouvait M. Minoret à faire sa partie quotidienne, modifiaient quelque peu ses idées de retraite absolue. Fanny avait démontré à son père qu'elle pouvait, sans le déranger, offrir une tasse de thé aux dames Boutibonne; le moment semblait propice pour renouer d'amicales relations.

Le soir, en entrant suivie de Julie, Mme Boutibonne trouva Armance et Fanny travaillant autour d'une petite table.

La pièce était grande. A l'extrémité se tenait M. Minoret, tellement occupé de ses dossiers qu'il n'entendit ni le bruit de la sonnette, ni l'entrée des dames.

— Mon père travaille, excusez-le, je vous prie, dit aux dames Fanny à mi-voix.

— Une contenance, pensa Mme Boutibonne, désappointée de ne pouvoir surprendre M. Minoret aux petits soins près d'Armance.

Comme Fanny les avait reçues son ouvrage à la main et que la table, chargée de découpures d'étoffes, indiquait qu'on travaillait ou qu'on faisait mine de travailler, la femme du géologue engagea les deux demoiselles à continuer leur ouvrage; mais Mme Boutibonné ne quitta pas du regard les yeux d'Armance; ils devaient à un moment, suivant elle, se diriger du côté de M. Minoret et révéler l'état d'esprit des futurs. Armance ne donna lieu à aucune observation de cette nature; rien en elle ne révélait le papillon tendant à s'échapper de sa chrysalide de vieille fille.

Un peu étonnée, Mme Boutibonne se retira sans abandonner la partie. Les commentaires continuaient dans le Jardin du Roy. La nouvelle du mariage se propageait plutôt qu'elle ne s'atténuait; les femmes établissaient des calculs de probabilité sur l'époque où s'effectuerait la cérémonie. On épiait les futurs dans leurs allées et venues à l'intérieur de l'établissement. Échidna s'était établie en sentinelle avancée et semblait crier : Garde à vous! au corps d'observation qu'elle précédait.

Sur ces entrefaites se produisit un incident qui parut à tous d'une certaine importance.

Échidna, qui semblait avoir des yeux derrière

le dos et dont le sens auditif paraissait double, entendit une voiture de camionneur s'arrêter à la porte du Jardin du Roy qui faisait face aux fenêtres de derrière de son appartement. Le facteur et le portier échangeaient des explications ; du premier étage, Échidna crut surprendre le nom de Minoret. La sentinelle devint douanier. Échidna ne fit qu'un bond dans l'escalier et passa avec une indifférence affectée devant la loge du portier.

Le transport avait maculé l'adresse de la caisse ; le facteur était hésitant sur la livraison.

— Bien certainement, dit Échidna, cette caisse est adressée à M. Minoret.

Ses yeux entraient dans la caisse comme un foret dans un tonneau de vin. Ce que contenait le colis devait fournir à Échidna de précieux éléments d'observation.

La caisse renfermait nécessairement les cadeaux de noce destinés à Armance. Mais quelle nature de cadeaux pouvait offrir M. Minoret ? L'imagination d'Échidna ne fut pas à court. C'étaient d'admirables étoffes orientales, des châles harmonieux, des écharpes merveilleuses, des tapis « de toute beauté ».

Le bruit s'en répandit aussitôt parmi les dames du Jardin du Roy. On discutait même sans s'entendre sur deux châles, l'un à fond rouge, l'autre à palmettes jaunes, qui n'étaient qu'une faible partie des richesses de l'envoi.

Cependant M. Pardessus ayant interrogé Claude sur les causes de la lenteur de M. Minoret à faire sa demande officielle, en reçut cette réponse qui le calma momentanément :

— Les cadeaux de noce destinés à mademoiselle votre fille sont arrivés.

— Il eût été au moins convenable de me demander la main d'Armance avant de lui envoyer des cadeaux, reprit M. Pardessus. Véritablement, mes professeurs sont trop étrangers aux usages du monde.

Parmi le personnel du Jardin du Roy on ne s'étonnait pas de la richesse des présents de M. Minoret, vu ses relations scientifiques avec l'extrême Orient. Un naturaliste de ces contrées lui avait envoyé de merveilleuses étoffes d'un très grand prix, mais qui « là-bas se donnaient pour rien ».

Certains professeurs commençaient à jalouser M. Minoret de son alliance avec l'administrateur ; c'était un renfort apporté à M. Pardessus, la science prêtant son appui à l'ignorance, un abandon des intérêts des chefs de service dont la politique était de faire corps contre le directeur, leur adversaire. Ces cadeaux de l'Orient, aussi certainement que si on les avait vu apporter par les Rois mages, devaient provenir d'échanges faits par l'anthropologiste au détriment des collections du Jardin du Roy.

Ainsi s'expliquait la disparition du crâne d'un chimpanzé adulte, le *Troglodyte niger*, qui troublait depuis un an l'esprit de M. Pétrequin. On se rappelait maintenant que M. Minoret ayant manifesté l'intention de s'occuper de l'anatomie des singes, diverses pièces lui avaient été confiées. M. Pétrequin, qui tenait négligemment son livre de prêts, avait été victime de sa confiance ; mais le jour où Armance, revêtue du riche châle à palmes rouges, irait faire ses visites de noce, le corps des professeurs était averti que cette somptueuse toilette provenait de la disparition des vitrines du Musée du crâne du *Troglodyte niger*. Voilà où conduisaient les ardeurs séniles d'un savant, à qui jusqu'alors on n'avait pas reproché de semblables faits, mais qui, poussé par la passion, entrait dans une voie déplorable dont il faudrait, à un moment donné, se préoccuper. La nation pouvait-elle être ainsi dépouillée de ses trésors, au nombre desquels brillait, égal aux diamants de la couronne, le crâne du chimpanzé adulte?

M. Minoret avait fait porter la caisse dans son laboratoire; elle contenait des minéraux envoyés de l'Inde par un naturaliste ami de l'anthropologiste. Claude eût pu détromper M. Pardessus et les professeurs de l'établissement sur la nature des objets contenus dans cette caisse si M. Minoret, dans sa préoccupation scientifique un peu enfantine, n'eût voulu se récréer seul du déballage de l'envoi.

A cinq heures du matin, pour se préparer une journée de petits bonheurs, il ouvrit lui-même la caisse, reconnut les objets qui s'y trouvaient et les rangea sur une table. Tout être qui eût assisté à cette opération eût diminué par sa présence les jouissances du savant. Parmi ces minéraux, il y en avait quelques-uns connus en Europe, d'autres « inédits ». M. Minoret resta un certain temps en contemplation devant les minéraux non décrits jusqu'alors par les naturalistes ; puis il songea à les transporter du laboratoire à son domicile. C'était sa propriété que ces matériaux scientifiques; ils lui avaient bien été donnés, en souvenir de notes importantes envoyées à un de ses confrères d'outremer.

Le soin avec lequel le savant portait les paquets enveloppés témoignait qu'il s'agissait de matières précieuses. Quelques fragments minéralogiques étaient de poids: M. Minoret les portait avec allégresse, trouvant des forces pour augmenter ses propres collections.

Echidna n'était pas levée; elle entendit des pas sous ses fenêtres, sauta vivement à bas de son lit, écarta un coin du rideau de sa croisée et constata que son instinct la servait merveilleusement. Ayant passé précipitamment un peignoir, Echidna se rendit en toute hâte à mi-côte du labyrinthe, où elle se cacha derrière le tronc d'un arbre : elle avait calculé la durée du parcours de M. Minoret à son domicile, de nouveaux voyages au laboratoire, d'autres paquets à rapporter. Echidna ne s'était pas trompée : M. Minoret préparait ses cadeaux de noces.

Ce fut exceptionnellement que les cloches de

l'église du quartier Saint-Victor ne furent pas sonnées à toute volée en mémoire du prochain mariage d'Armance et de M. Minoret, car Echidna, en relations avec le bedeau, s'adressa à lui pour savoir si les futurs avaient retiré leurs billets de confession.

—- Ce seront certainement de belles noces, disait-elle dans le quartier. M. Pardessus aime la représentation.

Le bruit avait assez gagné de terrain pour que M. Minoret reçût un numéro du *Journal des Fiancés*, dont la spécialité est d'indiquer les divers fournisseurs pour la toilette des nouveaux époux. Sans se demander dans quel but ce journal lui était envoyé, M. Minoret le lut consciencieusement jusqu'au bout, étonné de n'y pas trouver quelque article ayant trait aux sciences naturelles.

Toutefois, hors de lui, M. Pardessus fit venir Claude dans la huitaine qui suivit.

— Comment se fait-il que M. Minoret n'envoie pas à ma fille ses cadeaux de noces?... Qu'avez-vous à dire? Parlez!

— Je peux donner l'assurance à monsieur l'administrateur que j'ai vu les caisses.

— Avez-vous assisté à leur déballage?

— Monsieur l'administrateur m'excusera de ne pas avoir été présent à cette opération... Les caisses étaient vides à mon arrivée... M. Minoret avait dû se lever de grand matin pour en emporter le contenu.

— Il se défie donc de vous?

— Je ne le suppose pas, monsieur l'administrateur; mais j'ai cru remarquer qu'en de certaines circonstances M. Minoret s'enferme parfois dans son laboratoire, l'heure des travaux passée; c'est pourquoi je n'ai pu avoir connaissance du crâne de chimpanzé adulte que messieurs les professeurs reprochent à leur collègue d'avoir détourné des collections.

— J'en fais mon affaire, dit M. Pardessus d'un ton menaçant, en indiquant à Claude d'un geste qu'il eût à ne pas le troubler plus longtemps dans ses méditations.

XVI

LE CRANE DU CHIMPANZÉ ADULTE

M. Minoret traversait la vie sans avoir aucune idée des incidents auxquels il était mêlé : le naturaliste était cantonné dans le monde des observations scientifiques, qui ne permettent pas aux observations de la vie quotidienne de s'y glisser. État fâcheux dans le petit monde du Jardin du Roy où les habiles flairaient le vent chaque matin pour se rendre compte d'où il soufflait. Chez la plupart des professeurs, la principale science n'était-elle pas la science de la vie ? Aussi chacun battait de l'œil les buissons du monde scientifique, se demandant si quelque rival n'en sortirait pas pour s'emparer de sa position. Tous étant aux aguets se laissaient difficilement surprendre par les événements.

Il n'en était pas de même de M. Minoret qui, plongé dans l'étude et le rêve, en fut soudainement tiré par l'ordre de se rendre de grand matin chez l'administrateur. Rarement l'anthropologiste était sorti du cabinet de M. Pardessus sans réprimandes. M. Minoret fut d'autant plus troublé de cet appel imprévu que, depuis deux mois, n'ayant pas comparu à la barre, une tranquillité favorable à ses travaux en était résultée.

M. Minoret, après avoir frappé un coup discret à la porte de son chef, entra en écrevisse : une plaisanterie de son collègue, M. Drelincourt, qui prétendait que, dans les circonstances difficiles, l'anthropologiste marchait à reculons.

— Trrrez, dit d'un ton de voix de caporal M. Pardessus, comme s'il avait commandé *Feu!* à un peloton d'exécution.

Ce jour-là, l'administrateur parut à M. Minoret de plus haute taille que de coutume; son toupet en flamme de punch était véritablement olympien.

D'un geste autoritaire, M. Pardessus fit signe à l'anthropologiste de s'asseoir sur un tabouret.

Lui, l'administrateur, plongé dans un important fauteuil de cuir, se tenait devant son bureau-ministre.

— Qu'avez-vous fait, monsieur, du crâne du chimpanzé adulte? demanda brusquement l'administrateur au savant sur la sellette.

M. Minoret fut terrifié par une pareille question, à laquelle il ne s'attendait pas.

— Vous devez me comprendre, monsieur : le crâne du *Troglodyte niger* manque aux collections et vous en avez été le dernier emprunteur.

— Moi! s'écria M. Minoret.

— Vous-même. Quelle importance a ce crâne pour l'établissement, vous le savez; il n'existe pas de spécimen aussi pur dans les grandes collections de l'Europe, et le Jardin du Roy, dont je m'honore d'être l'administrateur, est fier de montrer une telle pièce aux regards du monde scientifique qui nous l'envie.

— Vraiment, monsieur le directeur, je ne me rappelle pas...

— Je vais vous rafraîchir la mémoire puisqu'il en est ainsi, monsieur le professeur d'anthropologie.

M. Pardessus prit sur son bureau un énorme dossier qui sembla à M. Minoret un acte d'accusation.

— Je précise. Le crâne du *Troglodyte niger* était caractérisé par des *bullæ auditoriæ* écartées, se prolongeant tellement en arrière qu'elles formaient entre elles un sillon profond d'environ cinq millimètres, au fond duquel s'ouvrait le trou occipital.

M. Pardessus avait appris par cœur la description donnée par le professeur Pétrequin, et le verbe important de l'administrateur faisait croire que lui-même avait étudié avec attention le crâne du troglodyte.

M. Minoret fit un mouvement sur sa sellette et avança un bras timide pour répondre. D'un geste cassant, M. Pardessus montra qu'il n'avait pas terminé.

— Un tel développement des *bullæ auditoriæ*, dans leurs deux portions tympanique et plus particulièrement mastoïdienne, est des plus rares chez les individus de cette espèce, vous le savez sans doute, monsieur le professeur d'anthropologie?

M. Minoret baissait la tête.

— J'ajoute, fait important, reprit l'administrateur, que la femelle fut envoyée vivante avec son intéressante portée de trois petits au Jardin du Roy. Cet établissement, vous devez vous le rappeler, a eu la bonne fortune d'augmenter une intéressante famille en accouplant la mère avec un de ses petits, celui-là même qui a été sacrifié pour les hautes études et dont nous cherchons en vain le crâne disparu.

M. Minoret se recueillait pour évoquer ses souvenirs.

— Comment ne vous souvenez-vous pas de ce qui s'est passé à ce propos à l'Assemblée?

Le naturaliste continuait à ne pas souffler mot.

— J'ai souvent remarqué que vous ne portiez pas à ces réunions mensuelles l'intérêt qu'elles méritent... Eh bien! moi qui ai de la mémoire et de l'attention pour vous, je vous rappellerai que vos collègues ont longuement discuté s'il était indispensable de trancher les jours du troglodyte adulte, malgré l'intérêt pour les anatomistes d'étudier ses facultés cérébrales... Combien le climat français est malsain pour les primates, vous ne l'ignorez sans doute pas... En sacrifier un jeune et bien portant paraissait grave à certains de vos collègues, et moi-même j'étais partagé entre les deux camps, ayant un pied sur le terrain de la science, l'autre sur celui de l'humanité... Ma voix décida de la suppression du *Troglodyte niger*... M. Pétrequin le prépara... Il est impossible que vous ne vous rappeliez pas le rapport lu à l'Assemblée suivante sur cette jolie pièce anatomique. Ce fut à l'issue de cette séance, dit votre collègue, que le squelette du troglodyte vous a été confié à titre de prêt.

— Oui ! oui ! s'écria M. Minoret sortant de son rêve.

— Enfin, vous en convenez...

— J'ai eu en main le squelette, il est vrai, monsieur l'administrateur ; mais le crâne, je ne me rappelle pas qu'il m'ait été prêté.

— Les allégations de M. Pétrequin sont formelles... Il semble bizarre d'ailleurs qu'un squelette vous ait été confié, privé de son crâne... Une partie si précieuse d'un sujet, fût-il adulte, ne saurait s'égarer.

— Je verrai M. Pétrequin, dit M. Minoret, je m'entendrai avec lui.

— L'affaire est toute vue, monsieur le professeur d'anthropologie. Le rapport de votre collègue est concluant, j'ajouterai même accablant. Le crâne du *Troglodyte niger* manque aux collections; il faut retrouver ce crâne dans le délai le plus bref.

Sur un nouveau geste de l'administrateur, M. Minoret sortit, abattu. Il avait retrouvé M. Pardessus plus autoritaire que jamais. Rapports d'autant plus pénibles que, à huit jours de là, le directeur avait témoigné au naturaliste une sorte de bienveillance.

Soucieux, M. Minoret s'arrêta dans une allée du jardin, regardant le sol, non plus avec la sérénité avec laquelle la veille il interrogeait l'horizon. Des fourmis traversaient l'allée, les unes venant, les autres allant : elles suivaient un chef de colonne, malgré la courbe que certaines d'entre elles faisaient, allaient aux provisions et revenaient les porter au nid.

M. Minoret pensait que ces fourmis accomplissaient leur tâche avec zèle, sans être détournées de leur activité, tandis que l'homme est sans cesse arrêté dans ses travaux. Plein de mépris pour l'humanité, M. Minoret se disait que l'homme, orgueilleuse créature, ne compte guère plus sur la surface du globe que la fourmi; qu'avec sa prétendue science l'homme reçoit à tout instant des leçons de sagesse des infiniments petits de la création; qu'en pareil cas la morgue d'un supérieur ne doit pas troubler l'esprit de celui qui échappe aux vanités du monde. Philosophiquement, M. Minoret ne devait tenir nul compte des malmenées de cette vaniteuse fourmi qui s'imaginait diriger le Jardin du Roy; mais le naturaliste constatait que, lui aussi, avait une nature impressionnable semblable à cette fleur qui, touchée même légèrement, ferme sa corolle et retombe sur sa tige. Que M. Minoret appelât à son aide la raison, il n'en restait pas moins sensitive.

Aussi bien, comment expliquer cette fâcheuse alternance de caractère chez un supérieur? Que pouvait signifier un si brusque changement dans les relations?

Une partie du secret fut révélée à M. Minoret, qui rencontra Mme Boutibonne. Après les politesses d'usage:

— Faites-vous toujours, lui demanda-t-elle, votre partie de tric-trac?

— A peu près chaque soir après mon dîner, madame.

— Cela vous semble amusant?

— Utile plutôt qu'amusant...

— Oui, utile, je le crois, dit Mme Boutibonne qui jusque-là avait posé ses questions avec une bonhomie affectée.

— C'est une heure de délassement après le repas, reprit M. Minoret, se laissant couler innocemment dans la trappe aux questions ouverte par Mme Boutibonne.

— Je ne pourrais jamais jouer au tric-trac, reprit-elle; le jeu est trop compliqué pour une femme.

— Ma fille le joue un peu et Mlle Armance a appris la marche facilement.

— C'est ce qu'on dit dans l'établissement.

— On s'occupe de pareilles choses? s'écria le savant.

— Ces dames, je vous le dis en confidence, mon cher M. Minoret, sont un peu jalouses de vous voir accaparer la fille de M. Pardessus.

— Elle vient voir Fanny.

— Est-ce votre fille qui lui trouvera un mari?

— Mlle Armance n'a pas chargé Fanny d'une pareille mission.

— Chacun s'accorde à dire que Mlle Pardessus a toutes les qualités pour rendre heureux un homme de votre âge.

— Moi? s'écria M. Minoret.

— On dit encore que l'administrateur accepterait facilement cette union.

— Que dites-vous là, madame?

C'étaient des exclamations empreintes d'un tel caractère de sincérité qu'un tribunal, autre que celui des dames du Jardin du Roy, eût absous M. Minoret de semblables accusations.

— Moi qui, ce matin même, ai été traité si durement par M. Pardessus! s'écriait M. Minoret.

— Cela se comprend. Vous compromettez Mlle Armance aux yeux de tous.

M. Minoret, accablé, ne répondit pas. Une lueur se faisait toutefois dans son esprit.

— Vous savez la sympathie que j'ai pour vous, cher monsieur, reprit Mme Boutibonne... Il en est temps encore... songez à votre avenir.

Là-dessus, la mère artificieuse laissa le savant dans la situation d'un passant qui reçoit un échafaudage sur la tête.

D'un trait, M. Minoret revint chez lui. Il fallait prévenir sa fille de ce qui se disait, de ce qui s'agençait, lui demander conseil. Fanny avait le sens droit; elle aiderait son père à échapper au danger.

A la porte de sa demeure, le savant s'arrêta brusquement. Révéler à la pauvre enfant, qui n'avait que lui pour soutien, une pareille nouvelle, pouvait lui meurtrir le cœur à jamais. A grands pas, M. Minoret, ému, sortit du Jardin du Roy.

XVII

L'OMBRE

Ce fut vers le cimetière Montparnasse que M. Minoret se dirigea ; il allait demander conseil à celle qui y reposait.

Un tapis de verdure, une bordure de buis, un rosier, étaient le monument élevé à l'épouse que le savant avait tant aimée. Pas de croix ni de pierre tumulaire. M. Minoret n'avait pas besoin de s'agenouiller devant un marbre chargé d'une pompeuse inscription. La date de la mort de sa compagne était dans son cœur. Un jour, il reposerait à côté d'elle, sous ce même tapis de verdure ; lui non plus ne voulait pas d'autres signes de souvenir.

Non pas que M. Minoret fût irréligieux. Mais une croix, une pierre, constituent-elles une religion ? Et quelle misère en face du néant que ces inscriptions en caractères dorés ! Combien le savant avait-il remarqué, au cimetière, de tombes fastueuses, enguirlandées de jais, disparaissant au début sous les couronnes, et qui, d'année en année, offraient un délabrement douloureux? Combien de pierres mutilées disaient l'abandon, le peu de regrets de certains vivants qui n'avaient pas la pudeur du souvenir !

Le tapis de verdure restait toujours vert. Chaque année donnait sa floraison au beau rosier touffu que M. Minoret ne pouvait regarder sans émotion ; chacune des fleurs lui représentait les qualités de la morte. En face de ce rosier épanoui, le savant redevenait homme. Bien des années s'étaient déjà accumulées depuis la douloureuse séparation; elles n'avaient pas atténué le souvenir de la compagne fidèle.

Au-dessus du rosier que M. Minoret regardait longuement se profilait, vague et incorporelle, une figure de femme impalpable conservant les traits de celle qui actuellement manquait au foyer. Le savant n'avait pas à évoquer; l'ombre venait aussitôt son arrivée, avec le tendre sourire qu'elle avait conservé toute la vie et que la mort ne parvint pas à lui enlever. M. Minoret donnait à l'ombre des nouvelles de sa fille ; il lui rendait compte de ses travaux, de ses actes les plus minutieux. L'ombre écoutait grave et affectueuse.

— Regarde mon cœur, pensait M. Minoret, il est plein de ton souvenir ; mon cerveau, il est plein de tes traits. Il ne se passe pas de soir où je ne ferme les yeux en te voyant... Mes actions, tu les approuverais... Oui, il existe d'autres femmes sur terre ; elles ont leurs qualités, elles ne peuvent avoir les tiennes... J'ai été trop heureux... J'avais rencontré l'âme sœur qui m'était destinée, que la nature m'avait indiquée... Je lui avais donné ma vie... Ma vie est restée accrochée à sa mort... Tu m'as donné une fille, et il faudrait introduire près d'elle, au foyer, une étrangère!...

L'ombre, pourtant, s'était affaiblie chaque année ; matérielle et douloureuse au début, elle était devenue transparente et consolatrice. Jadis elle appelait des larmes ; elle laissait aujourd'hui des sensations douces et pénétrantes.

La mort, qui paraît sans pitié pour les jeunes, leur tresse une couronne de fleurs.

En pensant parfois aux amertumes de sa vie, M. Minoret se disait: « Elle est heureuse de ne pas les avoir partagées! » Cependant l'ombre bienveillante pansait ces amertumes, et le naturaliste n'était jamais revenu du cimetière sans tendresses réconfortantes.

C'est pourquoi M. Minoret ne voulait pas perdre cette ombre protectrice, qui se fût dissipée si, oubliant le souvenir de la morte, l'époux ingrat s'était laissé entraîner à une autre union.

Ce jour-là, M. Minoret franchit plus tranquille la porte du cimetière.

— Continue tes recherches sans t'inquiéter des jaloux, avait dit l'ombre.

Toutes sortes de bons conseils, l'ombre les avait dictés:

— Les méchants ne peuvent rien contre la bonté.

— Les intérêts coalisés se brisent contre la droiture.

— Les travaux accumulés des savants offrent une barricade inaccessible aux attaques de la médiocrité.

— Ne te laisse pas aller au découragement;

réfugie-toi dans l'étude; elle le mettra en fuite.

— Je suis absente; je t'ai laissé une autre moi-même.

En rentrant chez lui, M. Minoret embrassa sa fille avec effusion. Il ne dit pas qu'il venait du cimetière. L'homme avait la pudeur de la douleur; mais Fanny sentit ce jour-là combien son père l'aimait, avec quelle sensibilité ses caresses lui étaient prodiguées. Partageant cet attendrissement, elle ne se rendait pas compte que ce baiser était double, plus doux que de coutume, plus pénétrant, et qu'à l'embrassement paternel se joignait celui de sa mère.

XVIII

LA CHAINE DES DAMES

Cependant M. Pardessus constatait le retard singulier que M. Minoret apportait à demander la main d'Armance ; l'autoritarisme directorial n'aboutissait pas en pareille matière et la qualité d'administrateur, qui s'exerçait dans tous ses droits au Jardin du Roy, s'effaçait et perdait de son omnipotence sur le terrain matrimonial.

Trompé par les imaginations sans cesse en alerte qui s'ébattaient capricieusement autour du futur mariage, M. Pardessus avait cru « l'affaire » plus avancée. Les soirées passées par Armance chez M. Minoret contribuaient à l'entretenir dans de telles illusions; quoique rien ne vînt leur donner corps.

Une barrière se dressait, que l'administrateur ne pouvait franchir.

Un matin que, d'après les ordres de M. Pardessus, Claude accompagnait les gardiens qui portaient, suivant l'habitude, des mannes de fleurs du Jardin du Roy à Mme de Montendre, l'administrateur pensa que la marquise seule pourrait le tirer d'embarras.

Condamnée à ne pas quitter sa chaise longue, la marquise se plaisait à échafauder des combinaisons pour la fortune des siens. Un horloger eût admiré l'activité de rouages nombreux et compliqués dont le jeu était dû à l'inactivité d'un corps qui poussait le cerveau à agir. M. Pardessus avait été à même d'éprouver les bons offices de la marquise, que cette mise en mouvement de petites roues amusait comme un enfant qui remonte une pendule.

— Tu demanderas à être introduit près de la marquise, dit l'administrateur à Claude, et tu attendras sa réponse à cette lettre.

Ce que fit Claude.

— Le baron aurait-il encore quelques tracasseries à supporter de la part de ses subalternes? demanda à Claude Mme de Montendre.

De grosses couleurs de campagne s'étalaient sur la face de Claude. Des épaules lourdes, mais carrées, indiquaient une forte nature. La marquise prit quelque intérêt à faire causer ce robuste gaillard. Claude lui rappelait un ancien valet de pied qu'elle avait pris aux champs et qu'elle s'était plu à dégrossir.

— Veuillez prévenir le baron que je l'attendrai aujourd'hui, à une heure, avant mes visites de l'après-midi.

M. Pardessus fut exact au rendez-vous.

— Maxime, je vous écoute, dit la marquise.

L'administrateur déroula alors le projet qu'il avait de marier sa fille à M. Minoret et la perplexité dans laquelle il se trouvait. C'était un mariage de convenance, dont tout le Jardin du Roy s'occupait ; il y aurait déception peu digne pour un chef d'établissement, scandale dont s'emparerait la malignité du personnel, si l'union projetée ne se réalisait pas.

Mme de Montendre fit de nombreuses questions sur la situation et la vie de M. Minoret, poussant M. Pardessus à entrer dans des détails qu'elle-même provoquait.

— Comment, Maxime, s'écria-t-elle, vous ne voyez pas l'obstacle ?

— Un obstacle ?

— Il saute aux yeux.

M. Pardessus regardait la marquise avec anxiété.

— L'obstacle, Maxime, reprit Mme de Montendre, c'est la fille de ce Minoret.

— Vous croyez ?

— Je ne le crois pas, j'en suis certaine.

— Et que faut-il faire ?

— Laissez-moi établir la situation ; vous me rectifierez si je m'égarais dans quelques détails. Cette petite demoiselle est-elle jolie ?

— Peuh ! fit M. Pardessus... Elle est jeune.

— Avez-vous connaissance de quelque amourette ?

— Un établissement tel que celui du Jardin du Roy ne les comporte pas.

La marquise haussa les épaules.

— Si la demoiselle est jeune et tant soit peu agréable, admettez qu'il se sera trouvé un serpent pour le lui dire... Vous autres hommes, vous avez l'habitude de rejeter la faute sur Ève ; moi je crois que c'est Adam qui a donné le premier coup de dent dans la pomme...

— Vous aurez toujours de l'esprit, chère marquise.

— J'admets un instant, mais tout à fait momentanément, que son miroir seul ait dit à la petite en question qu'elle était jolie ; un galant apparaîtra un jour ou l'autre... Et ce jour-là, notre vieux savant, qui avait l'égoïsme de se faire entourer de soins pendant toute sa vie par sa fille, la verra partir avec un amant, mettons un mari pour l'honneur du Jardin du Roy... C'est alors que ce M. Minoret, dont vous me parlez comme d'un enfant dans la vie, aura besoin de quelqu'un près de lui, ne fût-ce que pour recoudre ses boutons de chemise.

— Comme vous voyez juste, chère marquise !

— M'approuver est inutile, si vous n'agissez pas... Il faut maintenant souffler la flamme sur ce foyer morne. Vous dites qu'il n'y a pas de galant ; trouvez-en un.

— Où? demanda M. Pardessus, que l'activité d'esprit de Mme de Montendre troublait.

— Vraiment, Maxime, je vous croyais plus diplomate... Pas beaucoup, non, mais un peu... Condamnée à vivre sur cette chaise, je ne peux vous aider aussi efficacement que je le souhaiterais... Attendez...

La marquise plaça la main sur ses yeux.

— Vous ne trouvez pas de futur au Jardin du Roy et je le vois... Ce garçon qui m'a apporté votre billet ce matin...

— Claude !

— Lui-même... Il n'a pas l'apparence d'une intelligence suprême... Il est un mari providentiel.

— C'est vous, ma chère amie, qui êtes ma Providence, s'écria M. Pardessus en baisant les mains de la marquise... Mais comment faire pour nouer ce projet de mariage ?

— Ne m'avez-vous pas dit que ce Claude était le préparateur de son beau-père futur ?... Il aura, quand il voudra, un pied dans la maison.

M. Pardessus se confondait en remerciements.

— Je ne demande, Maxime, qu'à être tenue au courant de cette affaire... Elle me distraira.

Ce jour-là même, M. Pardessus fit prévenir le préparateur de passer à son cabinet.

— Claude, lui dit-il brusquement, il est temps de te marier.

Le préparateur eût été jeté dans la fosse aux ours qu'il n'eût pas fait montre de plus d'émotion.

— Ce que je te dis là est très sérieux, Claude. Ton avenir en dépend... Si tu ne répondais pas à ce que j'attends de toi, tu pourrais retourner à ton village... Tu épouseras Mlle Minoret.

— La fille de mon patron !

— Oui, cette combinaison, en préparant ta fortune, me permet de hâter l'union d'Armance avec M. Minoret.

Se marier et jeter en même temps M. Minoret dans les voies du mariage, semblait à Claude un rêve.

— Quand tu me regarderas avec tes gros yeux... J'entends que les deux noces se fassent en même temps...

— Mais je connais à peine la fille du patron, s'écria Claude ahuri.

— De pareilles raisons sont inadmissibles... Tu te présenteras un soir chez M. Minoret...

— Il ne m'y a jamais autorisé...

— Cherche un motif, un voyage, une absence, que sais-je ? Tu demandes à ton chef d'apostiller une demande de congé... Une fois dans la place, fais-toi inviter de nouveau... Rends-toi possible d'abord, agréable au besoin.

Claude restait morne.

— S'il m'était permis d'apparaître dans cette affaire, je t'imposerais aux Minoret; il faut que je reste étranger en apparence à la combinaison... Ainsi, c'est entendu, tu commenceras dès ce soir...

— Ce soir! s'écria Claude.

— Je n'ai pas de temps à perdre. Prépare tes batteries.

Ses batteries ! Claude n'avait pas la plus mince fusée à son service. De telles combinaisons, qui paraissaient d'autant plus simples à M. Pardessus qu'il y avait été poussé avec la même rapidité par la marquise de Montendre, semblaient compliquées pour un fils de paysan, qui n'avait pas conquis encore la conception facile des gens de la ville.

— Pour faciliter ton entrée aujourd'hui, dit M. Pardessus, tu porteras à ma fille quelque objet qu'elle sera censée avoir oublié à la maison.

— Mais, monsieur l'administrateur, n'aurais-je pas l'air de venir de votre part? répondit Claude.

— Tu commences à te former ; ta réflexion est juste... J'oubliais mon rôle en dehors...

Je dois planer... Tiens-t'en à la demande de congé... Et ne manque pas de me donner des nouvelles, s'il survenait quelque obstacle imprévu...

Le soir même, ainsi qu'il en était convenu, Claude se présenta chez les Minoret. Ce fut Fanny qui le reçut, sans se douter de l'importance du personnage qui devait relier les uns aux autres les diverses personnes présentes à la soirée.

En entrant, Claude ressentit l'impression d'un enfant qui plonge pour la première fois dans un fleuve.

— Je désirerais parler à M. Minoret, dit-il à Fanny en balbutiant.

Du doigt, la jeune fille lui montra, au fond de la pièce, le savant tellement occupé par ses classements de notes qu'il n'avait pas entendu le tintement de la sonnette. Se dirigeant à pas lents du côté du savant, Claude le salua et se tint en face de lui, attendant une question. M. Minoret, qui ne soupçonnait pas la présence d'un étranger, continuait à feuilleter ses dossiers.

— Père! dit Fanny qui s'aperçut que Claude n'osait déranger l'anthropologiste.

— Eh bien ? s'écria M. Minoret d'un ton indiquant que l'appel de sa fille le troublait.

— Monsieur désire te parler, reprit Fanny.

M. Minoret leva la tête, assujettit ses lunettes et ne reconnut pas d'abord Claude.

— Monsieur Minoret, dit celui-ci...

Le savant reconnut alors le préparateur au son de sa voix.

— Vous, Claude ! dit-il avec étonnement. Que se passe-t-il ?

— Monsieur le professeur, j'aurais une faveur à vous demander....

— Une faveur! reprit M. Minoret. Expliquez-vous.

— Un parent, que je n'ai pas vu depuis longtemps, me fait appeler, et je vous prierai, monsieur le professeur, d'apostiller une demande de congé que j'adresse à M. l'administrateur.

— Ah ! vous voulez partir promptement?

— Au beau temps... Dans quelques mois.

M. Minoret poussa un cri, malgré sa mansuétude habituelle.

— Vous ne pouviez attendre jusqu'à demain pour me faire cette demande ? s'écria le naturaliste se laissant aller à une bourrade inaccoutumée.

— C'est que, reprit Claude, ayant dit un mot de ce congé à M. l'administrateur, il m'a engagé à lui présenter une demande apostillée par mon chef.

— Demain, Claude, demain il sera temps, dit M. Minoret qui se replongea dans ses dossiers, pour faire comprendre à son visiteur qu'il était importun à pareille heure.

Claude serait resté au plancher, si Fanny, qui suivait de l'œil cette entrevue, n'était venue au-devant du préparateur pour le reconduire.

Cette première visite ne pouvait avoir de résultats. Le lendemain, Claude en rendit compte à M. Pardessus.

— Maladroit! s'écria l'administrateur.

— Mais M. Minoret me congédiait visiblement en me remettant au lendemain.

— Tu devais rester près de ces demoiselles... Voilà une première entrevue qui retarde tes affaires, au lieu de les avancer... C'est à recommencer.

Claude restait devant son supérieur, comme poussé par une force irrésistible vers l'abîme.

— Laisse-moi ; je vais chercher un moyen de réparer ta faute.

Claude sortit, sous le coup de la mauvaise humeur de M. Pardessus, effrayé en outre des difficultés dans lesquelles il était condamné à s'engager par la suite.

Après déjeuner, M. Pardessus, contre son habitude, resta à table avec sa femme et sa fille et interrogea Armance sur la soirée de la veille.

— Claude n'est-il pas venu trouver M. Minoret ?

— Le pauvre garçon a paru un peu décontenancé de sa réception.

— Sais-tu ce qu'il venait faire ?

— M. Claude a dit quelques mots à voix basse que nous ne pouvions entendre.

— Je ne veux rien te cacher, Armance... Claude a l'intention de demander la main de Mlle Minoret.

— De Fanny ! s'écria avec étonnement Mlle Pardessus.

— Qu'y a-t-il là d'extraordinaire ?

— Ce que vous me dites, mon père, me surprend, mais je crois pouvoir affirmer que Fanny serait plus étonnée encore...

— Ce mariage est nécessaire. Il le faut, entends-tu? Une haute influence me force d'y prêter mon concours et j'ai compté sur ton aide, Armance, pour le faire réussir.

— Fanny semble heureuse près de son père. Aucun mot de sa part ne m'a donné à croire qu'elle changerait volontiers de situation.

— Toutes les jeunes filles raisonnent de la sorte... Est-ce une situation que de rester toute la vie chez ses parents?... Je t'en fais juge... Ta mère te dirait au besoin son avis sur ce sujet... Et toi-même, te regardes-tu comme condamnée à un célibat éternel?

Armance ne répondait pas.

— Ta situation et celle de Mlle Minoret ont de l'analogie... Le mariage dont je te parle aurait de l'influence sur le tien.

— Le mien! s'écria Armance.

— Voilà pourquoi j'ai tout lieu de compter sur un concours actif de ta part... Quelqu'un qui n'ose se déclarer se jetterait peut-être à tes pieds, si le projet de mariage de Mlle Minoret avec Claude aboutissait...

— Quelqu'un ? demanda Armance mordue par la puce de l'inconnu.

— Un excellent parti... Mais tout dépend de toi...

— Que faut-il faire, mon père ? demanda Armance qui entrevit un futur à l'horizon.

— Prépare la fille de Minoret à ce changement de condition... Parle-lui adroitement de Claude, de son avenir... Il est protégé par la marquise de Montendre... Le moment venu, elle lui fera donner un poste supérieur à celui qu'il occupe... Claude est un bon serviteur ; je n'ai qu'à me louer du respect qu'il me témoigne et je lui porte un certain intérêt... Claude est donc en passe de réussir, si tu m'aides...

— Vous savez, mon père, que je ne cesse de vous obéir en tout...

— Aussi aujourd'hui je te demande de faire preuve de tact... Rappelle-toi qu'un mari pour toi dépend du succès de ta mission...

— Je ferai mon possible, dit Armance.

— L'impossible au besoin... Et sans perdre de temps !

— Dès ce soir, dit Armance, je tâterai le terrain.

— Allons, courage.

Ce ton était nouveau pour Armance. Elle se fût jetée de tout cœur, en ce moment, dans les bras de son père. L'attitude de M. Pardessus n'y poussait pas ; il parlait du mariage de Fanny, de celui de sa fille, en joueur d'échecs qui, froidement, fait avancer une pièce.

Armance, privée, dès son enfance, des joies de l'expansion paternelle, avait gardé en elle de vives tendresses intérieures. Elle les reporta vers cet inconnu qui, tout le jour, lui apparut jeune, beau, et amena sur les lèvres de la pauvre fille un sourire d'amour qui ne demandait qu'à illuminer ses traits mélancoliques.

Résolue à servir les intérêts de son père, qui devenaient les siens propres, Armance, ce même soir, franchit d'un pas léger la distance qui séparait la demeure de l'administrateur de celle de M. Minoret. Avec émotion, elle tira le cordon de la sonnette. Son avenir dépendait de cette soirée, de la façon dont Fanny accueillerait ses ouvertures.

La porte ne s'ouvrit pas comme d'habitude. Armance attendait, pleine de perplexité. De nouveau, elle agita le cordon. Aucun bruit ne se faisait entendre à l'intérieur.

Un déchirement se produisit dans le cœur d'Armance, après un troisième appel inutile.

— Ils sont sortis! se dit-elle en revenant tristement par les allées du jardin, qu'elle avait tout à l'heure traversées si pleine d'espoir.

XIX

LE COURS D'ANTHROPOLOGIE

Le cours de M. Minoret, à l'inverse de celui de ses collègues, était suivi par un certain nombre d'auditeurs. Si les gradins élevés de l'amphithéâtre étaient réservés aux étudiants, les autres bancs étaient occupés habituellement par des hommes de diverses classes s'intéressant aux questions physiologiques. Chaque leçon du professeur laissait tomber des glanes; le public ne quittait le cours qu'en songeant. Il était rare que M. Minoret n'ouvrît pas une fenêtre sur l'inconnu; et cela avec une bonhomie qui faisait oublier le peu de talent oratoire de l'anthropologiste.

La timidité enchaînait la langue de M. Minoret. En étalant, pour ainsi dire, les nouvelles observations qu'il avait été à même de faire depuis sa dernière leçon, le professeur semblait craindre de ne jamais assez apporter à ses auditeurs. Hésitant à poser un pied ferme sur le terrain de l'anthropologie, quoiqu'il en connût bien des sentiers, M. Minoret se sentait gêné. Combien, d'affirmations de la science sont vaines et sujettes à être renversées ! Le professeur s'en rendait compte ; aussi portait-il, au début de la séance, le poids de ses doutes, de sa bonne foi scientifique. Toute la première partie de la leçon, M. Minoret la passait au tableau ; il avait adopté cette position qui lui permettait de ne pas voir en face ses auditeurs. Suivant l'état de son esprit, l'anthropologiste restait un temps plus ou moins long au tableau, le sillonnant de dessins et expliquant les traits à la craie dont il le surchargeait. Parfois une séance s'écoulait pendant laquelle M. Minoret, n'étant pas maître de sa pensée, n'osait se montrer en face du public ; mais s'il tenait une déduction et qu'il la sentît claire, alors le professeur apparaissait heureux, et les applaudissements de l'auditoire l'encourageant, chassaient, jusqu'à la fin du cours, le maudit embarras dont souffrait l'anthropologiste.

— C'est un montreur d'horizons, avait dit de lui le fameux sculpteur Léonard, qui suivait ses leçons assidûment.

En ce sens, la leçon du 20 juin 1830 fut un des plus grands succès du naturaliste. M. Minoret était partisan de la théorie de la transformation des espèces animales : une hardiesse considérable pour l'époque. En terminant le cours précédent, le professeur avait annoncé qu'il traiterait cette grave question; aussi la Sorbonne, le Collège de France, l'Institut, la philosophie, la science et l'art, avaient-ils envoyé des représentants à une conférence dont la portée était grande. Par la transformation des espèces, la nature de l'homme, son enchaînement avec la création, perdaient de leurs voiles.

A grands traits, M. Minoret traça les principales lignes ascendantes de l'homme, ce spécimen formé des types élémentaires dont la nature s'empare et que successivement elle perfectionne ; il appuya particulièrement sur l'évolution progressive de l'être humain jusqu'au jour où, arrivé au sommet d'une sorte de triangle ascensionnel, il en descend les pentes pour féconder par les germes de sa destruction des germes inférieurs.

— Et cependant l'homme ne meurt pas, la nature ne connaît pas la mort, s'écria M. Minoret.

L'anthropologiste montrait la nature sans cesse en activité et ne voulant perdre aucun des éléments vitaux dont elle avait la libre disposition. Suivant lui, la mort était un vain mot; la mort n'était qu'une modification de la vie. Et c'était un bienfait de la nature que d'avoir enlevé le souvenir à l'être humain pendant ses diverses évolutions.

— Combien ont souffert de la vie, disait le professeur; combien peut-être, parmi mes auditeurs, souffrent encore, à qui la nature enlève ces souffrances pour alléger l'homme dans son recommencement !

Les auditeurs étaient attentifs. Quelque chose de grave se disait dans cet amphithéâtre.

— J'entends bien, reprit M. Minoret, que ces idées de transformisme sont difficiles à admettre; elles ne sont pas nouvelles et se représentent à notre esprit comme elles se sont présentées, comme elles se présenteront à beaucoup d'autres esprits ; nous ne nous en trouvons pas moins en face d'une porte fermée... Sans doute, dans mon hypothèse, je suis le travail de la nature et je la vois sans cesse en activité... Mais je suis contraint de m'appuyer, si je veux être logique, sur la génération spontanée...

Alors, dans l'assistance, se produisit un murmure sympathique; on attendait le développement des idées de M. Minoret. Il remit cette grave question au prochain cours ; mais il revint sur l'étroitesse de la cage dans laquelle la pensée de l'homme est enfermée.

— C'est à un philosophe du dernier siècle, dit-il, qu'on doit la constatation de notre manque de lumières : « Que pensez-vous de l'âme, de la manière dont nous recevons nos idées, de notre volonté, de la grâce, du libre arbitre ? » fait-il demander à un de ses personnages. — « Rien, répond l'autre... Si je pensais quelque chose, c'est que nous sommes sous la puissance de l'Être éternel comme les astres et les éléments, qu'il fait tout en nous, que nous sommes de petites roues de la machine immense dont il est l'âme, qu'il agit par des lois générales et non par des vues particulières; cela seul me paraît intelligible, tout le reste est pour moi un abîme de ténèbres. » Ainsi fait parler l'*Ingénu*, dans le conte qui porte ce titre; l'esprit le plus philosophique de son temps, celui que nous admirons malgré ses défauts, Voltaire.

Véritablement M. Minoret était plus ingénu que le personnage dont il citait l'opinion; aussi cette leçon et celle qui suivit sur la génération spontanée devaient-elles lui causer de nombreux soucis.

A l'époque où l'anthropologiste entreprit de donner corps à ses théories, elles n'avaient frappé que certains esprits en avant; le gros des naturalistes, les arriérés, les entêtés, ceux qui marchent avec des lisières, se montraient hostiles à de semblables investigations; elles dérangeaient trop de plans admis, elles remettaient tout en question. La création selon la Bible était tout à fait bouleversée. Il fallait abandonner l'affirmation : « Dieu créa le monde », un excellent fauteuil pour les esprits paresseux.

A la suite de ces leçons, M. Minoret fut couvert d'injures : athée, matérialiste, révolutionnaire, jacobin. Sa science, sa prétendue science, à entendre ses détracteurs, portait un bonnet rouge.

Un homme qui se prononçait ainsi contre la religion, à l'époque où flottait le drapeau blanc, devait donner la main aux quelques vieux conventionnels qui vivaient encore. On avait remarqué au cours de M. Minoret des gens à longue barbe, contemporains évidemment de la Révolution. Ce n'était pas le public endormi des autres cours du Jardin du Roy qui offrait cet aspect.

A l'intérieur de l'établissement, M. Minoret était jalousé depuis longtemps, par des collègues envieux du succès de ses conférences. Il n'était pas étonnant qu'en employant de pareils moyens le professeur d'anthropologie groupât autour de lui les auditeurs qui se plaisent au scandale. La science venait de perdre sa tunique de pureté et se présentait maintenant habillée de haillons. Dans cet endroit consacré à l'étude calme et sereine des sciences naturelles, M. Minoret avait introduit une Furie, torche en main, qui mettait le feu aux quatre coins du Jardin du Roy.

Le nombre des gens hostiles et d'ennemis que souleva contre lui le naturaliste fut aussi considérable que les animalcules d'une goutte d'eau vue au microscope.

Il fallait véritablement que M. Minoret eût une mince connaissance des hommes pour ne pas se rendre compte que les ignorants, les envieux, les peureux, les lâches, qui rapportent quatre-vingt-quinze pour cent d'intérêt négatif à l'humanité, le calomnieraient et se tourneraient contre lui. Jusqu'à sa bonhomie devenait un crime; ses idées, il les présentait d'un ton si paterne que les auditeurs ne pouvaient se défier des détestables doctrines d'un homme qui les étalait simplement et sans fracas.

La parole de M. Minoret était candide; il semblait mettre son âme innocente à nu. Par là, d'autant plus dangereux et contempteur de la tradition, cet homme qui traînait la science dans la bourbe de l'athéisme, cet être qui se rendait indigne de porter la toge des naturalistes, ce professeur qui déshonorait ses collègues et en même temps le Jardin du Roy. Un criminel qui commet un sacrilège dans une église, tel était M. Minoret. Suivant l'opinion de tous, il fallait purifier le temple.

L'occasion se présenta à quelques jours de là, à l'Assemblée mensuelle.

Ému des récriminations auxquelles donnaient lieu dans le Jardin du Roy les cours de M. Minoret, M. Pardessus avait sollicité une audience du ministre des cultes. Incomplètement éclairé par les plaintes de l'administrateur, le ministre demandait un rapport détaillé sur l'ensemble des leçons de l'anthropologiste et sur les deux dernières en particulier.

M. Pardessus, incapable de répondre à cette tâche, avait jugé utile de s'éclairer par l'avis des professeurs.

M. Minoret ne fut pas convoqué.

Ce jour-là, l'Assemblée offrit un aspect inaccoutumé. Les professeurs entraient, se saluaient d'une façon plus réservée que de coutume et osaient à peine se dire *bonjour*, comme si le son de la voix eût trahi leurs secrètes pensées. Les yeux étaient baissés pour dissimuler le fond du regard ; jusqu'aux toilettes affectaient une gravité exceptionnelle.

M. Pardessus n'avait pas fait connaître officiellement ses intentions. Claude les répandit à demi-mot. Les professeurs savaient qu'ils allaient être entendus individuellement et que, par un cumul exceptionnel, ils feraient à la fois fonctions de témoins et de juges. C'est pourquoi les physionomies s'accommodaient à la circonstance. La réserve, la gravité du mandat, l'impassibilité commandée par une telle magistrature, les yeux baissés vers la terre et jusqu'aux mines chagrines se remarquaient sur la face des naturalistes les plus hostiles à M. Minoret.

— Messieurs les professeurs, la séance est ouverte, dit M. Pardessus en prenant possession du fauteuil présidentiel.

L'administrateur fit l'éloge du Jardin du Roy, comme d'habitude. Montrant la hauteur incalculable où l'avait placé la science, il parla du faisceau des études jusqu'alors non disjoint; sérieusement il mentionna l'accord qui régnait entre les professeurs. Puis M. Pardessus insista sur l'attention que l'Europe portait aux travaux de l'établissement et le renom glorieux qui en revenait au prince régnant : c'était le roi qui, généreusement et sur sa propre cassette, subventionnait l'établissement et permettait aux naturalistes de se livrer en paix à leurs hautes études.

— Ne soyez pas étonnés, messieurs les professeurs, reprit M. Pardessus, de ne pas voir ici votre collègue M. Minoret... Sa présence eût gêné vos débats... Ne vous trouvant pas en face de lui, vous êtes plus libres, n'est-il pas vrai, plus indépendants?

Toutes les têtes s'inclinèrent. M. Pardessus, fort de cette adhésion, continua :

— Un scandale s'est produit ici au détriment de votre chef, car j'endosse la responsabilité de ce qui se fait dans l'établissement... Mes sentiments pieux ont été froissés au plus profond de leurs croyances ; j'ose dire, messieurs les professeurs, qu'également vous avez dû être atteints aussi profondément... Dans mon chagrin j'ai dû prévenir son Excellence le Ministre de ce qui s'était dit en pleine chaire... Une grasse subvention n'est pas accordée à un établissement royal pour qu'un de ses membres y expose d'éhontés principes en contradiction avec les bases traditionnelles de la science... Le patronage auguste de Sa Majesté (M. Pardessus s'inclina devant le buste du roi placé sur la cheminée) ne suffit donc plus aujourd'hui pour apprendre à de téméraires contempteurs qu'il ne leur est pas permis d'empoisonner le public par des opinions de toute fausseté?

M. Pardessus respira bruyamment des narines, avec les signes d'un contentement absolu pour les périodes de son réquisitoire.

— Son Excellence le Ministre vous demande, avec votre opinion, un rapport sur cette question grave : elle est jugée par vous, messieurs les professeurs, je n'en doute pas, et j'attends votre décision qui, si par hasard elle n'était pas conforme aux sains principes, compromettrait la durée d'un établissement que l'Europe nous envie.

M. Pardessus promena un œil inquisiteur sur les naturalistes, dont les regards étaient attachés systématiquement au tapis de la table.

— Messieurs les professeurs, reprit-il, l'avenir du Jardin du Roy est dans la réponse que, par un vote au scrutin secret, vous allez faire à diverses questions... Votre mission est délicate; personne plus que moi ne le sent; on ne se sépare pas sans regrets d'un collègue, quelle que soit son indignité, aux côtés duquel on s'est trouvé si longtemps... Vous vous placerez au-dessus des questions de sentiment; elles n'ont rien à voir avec un verdict impartial... Votre jugement est attendu par le monde civilisé tout entier... Songez surtout au glorieux titre de Jardin du Roy qui vous oblige... Si votre décision n'était pas rendue d'un commun accord, avec ensemble, à une grande majorité, à la majorité absolue, j'ose dire que votre honneur serait entamé... Pensez aux funestes conséquences : les collections jetées au vent, les animaux forcés de retourner au désert, les plantes rares saccagées par les pieds d'ouvriers plantant sur le terrain un poteau avec l'effroyable inscription : Foyer de l'athéisme !

Pour la première fois de sa vie, M. Pardessus était arrivé à une certaine redondance de parole.

— Messieurs, dit-il, la première question sur laquelle vous êtes appelés à voter est celle-ci : *L'homme a-t-il qualité pour s'intéresser à ses origines? La question des origines de l'homme n'a-t-elle pas été suffisamment étudiée jus-*

qu'ici? Vous voterez par oui ou par non, affirmativement je l'espère.

Chacun des professeurs inscrivit son bulletin, et, l'ayant déposé dans l'urne qui était un chapeau, avec gravité. M. Pardessus dépouilla et compta les onze bulletins.

— Oui, oui, oui, oui, oui, oui... Un bulletin blanc, messieurs... Oui, oui, oui... Encore un bulletin blanc! reprit l'administrateur avec les signes d'une visible inquiétude. A la majorité vous avez répondu, ainsi que je m'y attendais, que l'insondable question des origines de l'homme a été suffisamment étudiée... Mais pourquoi des abstentions? Je les regrette, malgré leur minorité... Marchons d'accord, messieurs les professeurs... Opposons une phalange serrée à un impie contradicteur... Si Son Excellence le Ministre vous interrogeait sur les origines de l'homme, lui feriez-vous l'injure de ne pas lui répondre?

La seconde question, M. Pardessus la posa ainsi : *La mutabilité de l'espèce n'est-elle pas une théorie dangereuse, incompatible avec les données scientifiques?*

L'opération recommença, et, cette fois, un

bulletin avec un *non* constata qu'un professeur protestait.

M. Pardessus se leva, cherchant à se donner les caractères d'une vive émotion.

— J'aurais été fier, messieurs les professeurs, si mes paroles avaient porté, si le procès-verbal inscrivait le mot rayonnant d'unanimité... Songez à quoi vous engage votre vote, à quelles responsabilités il vous entraîne!... Qu'aucun soupçon ne plane sur nul de vous... Qui sait si, à la suite, une enquête officielle ne sera pas ordonnée... Pensez-y, pensez à votre avenir!

La troisième question était : *Est-il permis, dans un enseignement public, d'exposer en face de jeunes gens, de prêtres, des théories qui ne concordent pas avec l'enseignement religieux ?*

Le vote, cette fois, ne donna qu'un bulletin blanc; un des contradicteurs avait donc fait amende honorable, en votant ainsi que le sollicitait l'administrateur.

M. Pardessus apparut sous deux faces à la suite de ce dépouillement, la partie gauche de sa physionomie témoignait d'un fond d'inquiétude, tandis que le profil de droite reflétait les apparences de la satisfaction, à la suite de cette voix gagnée.

— Messieurs les professeurs, dit l'administrateur, à mesure que vous accomplissez votre mission, je constate combien nous marchons d'accord... La confiance s'établit, la timidité s'efface dans l'esprit de ceux qui reconnaissent avec quel sentiment de justice votre chef procède... Que la dernière question, messieurs, soit votée à l'unanimité pour votre honneur, pour le mien, pour l'honneur de l'établissement... Je n'ai pas à rechercher les motifs qui ont décidé un membre à s'abstenir; sa conscience l'a sans doute guidé... Mais, dans la question suprême qui va vous être posée, question qui est la base de la science, pas d'abstention hostile... Voici le dernier vote auquel vous êtes appelés à répondre: *Si l'idée de Dieu était déracinée de l'esprit des hommes, elle se retrouverait au Jardin du Roy.* Je n'ai pas à appuyer sur l'importance d'une telle affirmation; elle est le couronnement de l'enquête... Vous voterez *oui*, messieurs les professeurs, car je ne vous fais pas l'injure de croire que vous vous dérobiez à la constatation d'un tel principe... Pas d'abstention, messieurs... Rien ne l'expliquerait aux yeux de l'Europe croyante... Songez que celui d'entre vous qui tenterait d'échapper à ce vote solennel finirait par être connu, qu'une grave responsabilité pèserait sur lui et qu'il serait vraisemblablement appelé à partager le sort qui attend M. Minoret.

Le vote s'opéra avec recueillement. Chacun semblait pénétré de son importance. Lentement, M. Pardessus dépouilla les bulletins un à un.

— Oui, oui, oui, oui, oui! s'écria avec une exclamation M. Pardessus, en déployant les bulletins.

Les professeurs, assis aux côtés de l'administrateur, suivaient le dépouillement avec des regards inquiets; l'un d'eux, qui pointait les bulletins, passa le dernier à M. Pardessus.

Un *non*, en effrontés caractères voyants, s'étalait sur le carré de papier.

— *Non!* s'écria l'administrateur. Est-ce possible? Mes yeux se refusent à lire cet effroyable blasphème... Comment admettre qu'il se trouve parmi vous un membre qui à la question : *Si l'idée de Dieu était déracinée de l'esprit des hommes, elle se retrouverait au Jardin du Roy*, réponde un *non* sauvage, accusateur pour tous... Qu'il ait le courage de son opinion, l'athée qui a signé ce *non*, reprit M. Pardessus en promenant des regards tellement inquisiteurs sur les naturalistes que chacun d'eux baissa la tête.

— Il y a peut-être eu erreur dans le vote, dit timidement un professeur.

— La question a été mal comprise, répliqua un autre.

— On aura écrit non pour oui, ajouta un troisième.

Tous secouaient la tête, tous faisaient montre qu'ils avaient voté affirmativement.

— Je suis heureux de vous entendre défendre ainsi l'honneur du scrutin, dit M. Pardessus, et je vous consulte pour savoir si nous devons passer à un nouveau tour...

— Oui, oui, s'écrièrent les professeurs d'un commun accord.

M. Pardessus ayant reproduit la question, l'opération du vote recommença.

A la stupéfaction de tous, un *non* en gros

caractères s'était encore glissé parmi les bulletins.

Le plus singulier était que ces bulletins avaient été écrits sur la table, en présence de tous, que les timides se communiquaient leur vote, que d'autres avaient opiné du bonnet d'un bout de la table à l'autre, comme s'ils se disaient : — *Oui, n'est-ce pas?* et qu'il était difficile de se rendre compte comment une si audacieuse et si compromettante négation avait pu se produire.

— Il n'y a pas erreur, dit l'administrateur avec les signes de la plus vive affliction... A mon grand regret, je ferai savoir dans mon rapport à Son Excellence le Ministre qu'une voix a osé déclarer que l'idée de la Divinité n'existait pas au Jardin du Roy... Et j'annexerai au dossier, comme pièce de conviction, la monstrueuse négation qui n'a pas paralysé la main de celui qui l'a tracée... Est-ce votre avis, messieurs?

— Oui, répondirent tous les professeurs.

Là-dessus, M. Pardessus sortit majestueusement, pénétré de la gravité de son mandat; mais aussitôt la porte de la salle de l'Assemblée franchie, les sourcils de l'administrateur se séparèrent par une tension singulière.

Il est de sots personnages qui ont parfois des imaginations à étonner les gens d'esprit. La bizarre direction imprimée aux sourcils de M. Pardessus tenait aux félicitations intérieures que l'homme s'adressait. Pour parer aux abstentions des premiers tours de scrutin, l'administrateur avait, à deux reprises, tracé un *non* machiavélique sur son bulletin dans le but de jeter de la défiance parmi les professeurs, de les diviser, de les faire s'accuser entre eux et de suspendre sur leurs têtes un glaive administratif sans pitié, s'il en était besoin dans l'avenir.

M. Pardessus avait joué avec le feu; il fallait l'éteindre.

Rentré dans son cabinet et rendant compte au ministre des opérations successives du vote, le directeur trouva un argument triomphant pour en corriger la non unanimité. Le membre qui avait répondu *non* à la question : *Si l'idée de Dieu était déracinée de l'esprit des hommes, elle se retrouverait au Jardin du Roy*, avait voulu dire qu'un seul être ne croyait pas à la Divinité, M. Minoret.

Un professeur s'était fait accusateur, disant :
« Un athée est parmi nous qu'il faut signaler à l'opprobre des honnêtes gens. »

Triomphant d'avoir manœuvré avec tant d'habileté, M. Pardessus chargea Claude de libeller son rapport au ministre.

XX

LES VISÉES DE MADAME BOUTIBONNE

Le bruit de l'attitude hostile qu'avait prise de nouveau M. Pardessus vis-à-vis de M. Minoret, à la suite de la disparition du crâne du *Troglodyte niger*, se répandit aussitôt dans le Jardin du Roy et modifia les commentaires favorables qui s'étaient formés sur la fortune de l'anthropologiste. Dans cette petite Bourse de l'opinion publique, fertile en fluctuations, les actions de M. Minoret baissèrent par suite d'une hausse momentanée trop exagérée. Telle était la mobilité des courants, dans un personnel qui cherchait des motifs de malignité et les trouvait dans le va-et-vient des hommes et dans l'enchaînement des plus minces événements.

Mme Boutibonne fut particulièrement frappée

d'une situation qui laissait M. Minoret à peu près abandonné sur la plage.

— Le mariage avec Armance est enrayé, pensa-t-elle ; M. Pardessus doit avoir des motifs sérieux pour reprendre sa morgue vis-à-vis de M. Minoret. Dans ce mariage de convenance, les futurs ne se seraient-ils pas convenus ?

Les commentaires de Mme Boutibonne avaient mille pattes ; toutes ces pattes s'agitaient dans son cerveau maternel. Si la rupture avec la famille Pardessus était définitive, M. Minoret se retrouvait libre comme devant. Il avait des idées matrimoniales ; du moins Mme Boutibonne le croyait : de tels sentiments pouvaient servir ses intentions. La fille de l'administrateur écartée, Clara Boutibonne se présentait avec avantage sur le champ de foire du mariage. Elle avait vingt-quatre ans : la famille n'en avouait que vingt-trois. Sept ans de moins qu'Armance ! De ce côté, aucune comparaison n'était à craindre entre les deux demoiselles.

Sans doute, M. Minoret n'était plus un mari de la première jeunesse ; entre lui et Clara existait un écart d'âge qui le faisait paraître le père de sa future ; mais les mères trouvent des fascines de toute espèce pour jeter dans le fossé qui sépare deux futurs, lorsqu'il s'agit d'opérer un rapprochement nécessaire à l'établissement de leurs filles.

— *Il est encore vert*, se disent les mères.

M. Minoret, homme vert, fut circonvenu par la fine mouche. Elle eut des prévenances toutes particulières pour Fanny, l'enveloppa de caresses, afin de se ménager une alliée dans le camp qu'il s'agissait d'enlever.

Mme Boutibonne, qui préparait ses coups de loin, avait pointé sur l'almanach le prénom du savant. Le jour de la Saint-Cyprien, elle et sa fille apportèrent des bouquets au savant.

Ce ne fut pas sans émotion que le professeur reçut ces fleurs. Il y avait donc, dans le Jardin du Roy, des êtres affectueux près desquels l'anthropologiste avait vécu jusque-là sans répondre à leur cordialité ?

Ce jour-là, les études de M. Minoret furent suspendues. Depuis la mort de sa femme, jamais le professeur n'avait passé une soirée sans travailler. Pouvait-il, en présence d'attentions si délicates, refuser l'invitation à dîner chez les Boutibonne ? Aussi, par exception, la porte des Minoret avait-elle été fermée, et c'est pourquoi aucun rayon de la lampe de travail du savant ne filtrait à travers les rideaux qu'avait anxieusement interrogés Armance.

M. Minoret donnant ce soir-là le bras à Mme Boutibonne, qui était venue procéder elle-même à son enlèvement, Fanny et Clara les suivant, furent un de ces événements qui comptèrent dans le Jardin du Roy et qui devaient éveiller l'attention particulière d'Echidna. Elle apprit par une cousine de sa bonne, ouvrière à la journée chez les Boutibonne, le menu du repas offert à M. Minoret. Une commande avait été faite au *Puits-Certain*, qui est l'enseigne du pâtissier le plus renommé du versant de la montagne Sainte-Geneviève. Un marmiton fut signalé, portant sur sa tête une manne pleine de choses délicates. Sur le gâteau de Savoie frétillait, à l'aide d'un fil d'archal, un petit amour en pâte colorée.

— Mme Boutibonne a du vice, se dit Echidna.

A ses yeux, c'était un vice considérable que d'avoir, tout au début, perché sur la coupole de ce Panthéon en brioche un petit amour, symbole matrimonial consacré.

Aussi dès le lendemain parlait-on, dans le Jardin du Roy, du mariage de M. Minoret et de Clara Boutibonne, avec autant d'ardeur que les nouvellistes en avaient mis à se prononcer quelque temps auparavant sur l'union d'Armance et du savant. Les imaginations de l'établissement, toujours en alerte, demandaient incessamment de la pâture. Il importait peu que le fait donnât raison aux gens ou se trouvât démenti par des preuves; les esprits, entrés en branle, formaient des quadrilles et trouvaient leur contentement à faire entrer un cavalier quelconque dans une « chaîne des dames » hypothétique.

— En avant deux ! s'écriait mentalement Mme Boutibonne, en poussant M. Minoret dans cette contredanse matrimoniale.

Toutefois la femme du géologue, malgré son impatience, attendit que ses invités lui eussent rendu leur visite de digestion.

Dès le lendemain, Armance, non moins perplexe, faisait sa rentrée, accompagnée de Claude, chez M. Minoret. Elle était quelque peu embarrassée de cette présentation; mais M. Pardessus l'avait exigée et il fallait lui obéir.

Il est des atmosphères dont la délicatesse échappe aux natures grossières : elles ne s'y sentent pas dans leur élément. Claude, à qui des coups de knout administratif étaient nécessaires pour activer sa compréhension paresseuse, se trouvait, en présence des deux jeunes filles, comme une taupe hors de son trou ; il fallait créer une galerie souterraine et compliquée dans cet intérieur, pour répondre aux volontés de M. Pardessus !

Armance partageait cette gêne. Une telle pureté éclatait dans les yeux et sur la figure de Fanny, de toute sa personne s'échappait un tel bonheur de vivre, qu'il semblait à la fille de l'administrateur qu'elle se fût rendue complice d'une mauvaise action en prêtant les mains à l'union d'un rustaud avec celle qui lui avait témoigné d'affectueuses prévenances.

Quoique Armance jouât sa propre partie et qu'un époux se dessinât pour elle à l'horizon, si elle répondait aux instructions de son père, ne subissant plus à cette heure la pression de la main de fer de M. Pardessus, la pauvre fille reculait, de même que si elle avait dû porter en traître un coup à son amie.

Sans s'en rendre compte, Fanny constatait les alarmes d'une conscience qui s'interroge intérieurement, la torpeur singulière de Claude, le mutisme bizarre des deux visiteurs qu'elle s'étonnait de rencontrer ensemble. Elle eut pitié, toutefois, du préparateur de son père, et, à un moment, essaya de parer aux froideurs de l'entrevue. Cela rendit quelque présence d'esprit à Armance : elle parla de l'intérêt que M. Pardessus portait à Claude, des soirées inoccupées de celui-ci, et sollicita comme une faveur la permission de se faire accompagner chez les Minoret par le protégé de son père.

Fanny inclina la tête, plus en signe de politesse que d'acquiescement; mais Armance avait rempli une partie d'un mandat qui lui pesait. Aussi bien un nouveau projet se faisait jour en elle. Le lendemain, Armance seule rendrait visite à son amie, lui ouvrirait son cœur, et, sans craindre d'aller contre les visées de M. Pardessus, déroulerait à Fanny les instructions qui devaient changer si profondément son avenir.

Le jour suivant, malheureusement, la porte de M. Minoret était fermée encore une fois; Fanny avait décidé son père à rendre visite à

Mme Boutibonne. Ce fut un nouveau coup pour Armance. Elle se demanda si la présentation de Claude la veille n'avait pas dérangé les hôtes de cet intérieur si tranquille. Fanny cût pu la prévenir que, le lendemain, elle s'absenterait avec son père : en pareil cas, le silence semblait une leçon.

Deux jours après, Armance eut l'explication naturelle, mais désagréable du fait. Mme Boutibonne et sa fille, arrivées avant Armance, avaient pris place autour de la petite table de travail de Fanny, comme des invités qui s'imposent dans un salon.

En entrant, Clara Boutibonne s'adressa familièrement à M. Minoret.

— Vous apprendrez le tric-trac à votre petite amie, n'est-ce pas ? J'en meurs d'envie.

M. Minoret resta froid en face de cette invite. Encore un joueur qui se mettait sur les rangs dans un endroit consacré exclusivement au travail jusque-là. La maison était-elle changée en académie de jeux ? Quelle singulière manie poussait tout à coup Armance, la petite Boutibonne, autour de la table de tric-trac ?

Comme M. Minoret ne répondait pas, Fanny

vint à son secours et proposa de se charger de l'éducation de Mlle Boutibonne.

— Non, non, dit Clara en minaudant, je n'apprendrai bien qu'avec M. Minoret.

Elle avait reçu des instructions de sa mère, dans le but de circonvenir le savant. Résigné, M. Minoret se mit à la table de jeu. Pendant la partie, Clara employa tous ses moyens de séduction : taquineries d'enfant gâtée, petites malices, rires d'oiseau, coups de genou sous la table, embrouillement des pions, saisie de la main du savant pour le gêner dans sa manœuvre de pièces.

La charmante enfant était insupportable. Elle regardait M. Minoret dans le blanc des yeux pour les lui faire baisser, passait un chiffon de langue rose sur ses lèvres et riait, sans en avoir envie, pour montrer ses dents.

Armance regardait ces mines avec tristesse. Les femmes ne se trompent pas à l'étalage de pareilles coquetteries; celles de la petite Boutibonne étaient par trop familières; elle en arriva à appeler M. Minoret : *mon oncle*.

Ce fut le bouquet de la soirée. Après quoi, les dames prirent congé du savant.

— Et il faudra que nous rendions le dîner aux Boutibonne! s'écria Fanny.

M. Minoret rôdait par la chambre, se demandant par quel enchaînement de circonstances il avait laissé pénétrer tous ces fâcheux dans l'asile de la science.

XXI

FASCINATION DE LA VIPÈRE DU GABON

M. Minoret passa une nuit agitée : lui, qui avait l'égoïsme de la science, se trouvait tout à coup, dans son propre intérieur, aux prises avec une société bruyante de femmes. On en voulait à sa personne, on s'emparait de son individu. Comment rompre cette succession de fils qui se tissaient pour l'enlacer ? Comment revenir à la science pure, retrouver, près de Fanny, ces soirées si tranquilles pendant lesquelles on n'entendait que le bruit des feuillets de papier ajoutés à d'autres feuillets ? Était-il possible actuellement de fermer sa porte à Armance, aux dames Boutibonne, à Claude, qui avaient pris pied dans le salon du savant ?

C'eût été d'autant plus difficile que, pour la

première fois, Claude venait de rendre service à M. Minoret. En relations avec les autres préparateurs de l'établissement qui, eux aussi, se réunissaient dans le Corridor-qui-parle pour se conter des méchancetés sur leurs chefs, Claude apprit que le crâne du *Troglodyte niger* avait été retrouvé dans le laboratoire de M. Pétrequin, ce dont l'accusateur n'avait fait nulle excuse à son collègue si injustement attaqué. Il n'avait pas été question de ce fait depuis lors, car les accusations les plus vives se dissipaient habituellement en fumée; mais M. Minoret, dont la conscience était bourrelée par la perte de ce crâne, se trouva délivré d'autant et sut gré à Claude d'avoir épousé ses intérêts.

L'incident, si agréable qu'il fût pour le savant, n'empêchait pas trois femmes de s'être emparées de son domicile, avec la sourde prétention d'en faire un lieu de réunion. A la soirée qui suivit, Echidna fit son entrée, à la grande terreur des hôtes de M. Minoret.

— Je ne suis pas de trop, n'est-ce pas, chère petite? dit-elle en donnant une sèche poignée de main à Fanny qui lui ouvrait la porte.

Sans répondre à la question, Fanny la fit

entrer au salon où se trouvaient réunies les trois dames, ainsi que l'avait pensé Echidna.

A l'entrée de la Vipère, Mme Boutibonne baissa la tête, comme un voleur pris en flagrant délit; elle eut le temps toutefois de lancer à sa fille, qui faisait la partie de M. Minoret, un coup d'œil qui voulait dire : Sois prudente !

Echidna apparaissait semblable à un commissaire de police qui surprend des joueurs dans une maison de jeu clandestine. C'étaient des enjeux matrimoniaux, qui n'avaient rien de matériel, mais qui ne pouvaient échapper à l'œil pâle d'Echidna. La plus confuse fut Mme Boutibonne; elle n'allait pas bon jeu bon argent dans cette partie. Armance avait des visées sur M. Minoret, cela était acquis à l'opinion publique; mais dans la substitution de Clara Boutibonne à Armance par une mère en quête d'épouseurs, il y avait de fausses cartes glissées par une joueuse trop habile, et c'est pourquoi Mme Boutibonne craignait les yeux de faïence d'Echidna avec leur froideur désespérante. Impossible de ruser en face de tels yeux, qui semblaient de verre, avec une feuille de paillon jaunâtre derrière pour les colorer.

L'ensemble de la physionomie concourait à rendre redoutable l'aspect d'Echidna : des lèvres minces, comme rognées, un nez en lame de couteau avec deux narines dessinées en accent circonflexe, un front bas recouvert de bandeaux luisants d'emprunt.

Un inquisiteur, entrant la nuit avec sa suite de tortureurs dans le cachot d'un condamné, pour lui faire avouer son crime, n'eût pas terrifié davantage Mme Boutibonne.

— Que je suis aise de vous rencontrer, chère madame, lui dit Echidna. J'ai un renseignement à vous demander, et je sais que vous êtes l'obligeance même.

Mme Boutibonne releva la tête. Echidna se mettait visiblement en frais pour se montrer aimable.

— Je suis tout à votre service, madame, lui dit-elle.

— On dit dans le quartier que le pâtissier du Puits-Certain se néglige... On ajoute qu'il fait mauvais ménage avec sa femme... Peu importe dans la question... Je sais que vous vous y fournissez...

Mᵐᵉ Boutibonne sentit une pointe d'acier effleurer sa poitrine.

— On dit, reprit Echidna, que les pièces montées de ce pâtissier manquent de légèreté ; on ajoute que quelques-unes ne sont plus de la première fraîcheur. Je compte donner à dîner sous quelques jours, et je voudrais que mon gâteau de Savoie, qui fit jadis la réputation de cette maison, fût réussi...

La lame d'acier pénétrait de plus en plus dans la plaie. En ce moment, Mᵐᵉ Boutibonne se fût jetée volontiers au fond du Puits-Certain.

— Ce n'est pas, continua la Vipère, que je tienne absolument au petit amour dont on couronne ces pièces montées, en signe de grande réjouissance... Non !... Je n'ai personne à établir, et j'ajoute qu'un pareil emblème serait déplacé sur ma table... Je demande seulement quelques renseignements sur cet excellent gâteau de Savoie, dont on disait dernièrement encore qu'on en avait pour son argent.

Combien, à cette heure, Mᵐᵉ Boutibonne se repentait de n'avoir pas invité Echidna à son dîner ! La Vipère s'y était glissée en pensée, et se vengeait actuellement en lui plongeant un poignard dans le cœur et en le retournant dans tous les sens. Mais comment désarmer ces yeux froids, ces narines mobiles, cette bouche pincée d'où sortait le venin à pleine cuillerée ?

Fanny écoutait, anxieuse, sentant l'odeur du poison, sans comprendre la cause qui le distillait. Armance plongeait des regards au loin pour échapper à ces misères. La langue de Clara ne frétillait plus à l'extérieur, et elle n'osait plus faire parade de ses dents.

Seul M. Minoret semblait satisfait. Il venait de retrouver un dossier dont il n'avait plus souvenance, et cet ensemble d'observations, recueillies à quelques années de là, donnait du poids à une grave question que le savant portait depuis longtemps en lui, dont il avait l'intention de faire le sujet d'un cours prochain. Il relisait ces documents et s'applaudissait de ne pas avoir négligé des détails qui, à l'heure où la question faisait mine de sortir, retrouvaient leur valeur et n'avaient plus besoin que d'être groupés méthodiquement pour élucider les origines de l'homme, un des sujets favoris de M. Minoret.

Tout débat pouvait se passer à côté de lui sans

le passionner. *Les origines de l'homme! D'où il vient, où il va!* Que sont les petits intérêts de la vie en regard d'un tel problème? Les dames pouvaient s'agiter; dans le coin de l'appartement, le savant se croyait seul. Son cerveau était en compagnie; une question si grave y roulant enorgueillissait M. Minoret et le grandissait de dix coudées. Un doigt sur le globe, l'anthropologiste y fouillait; ses yeux y pénétraient. Le beau sujet! Et comme le savant qui ose l'aborder se croit transporté sur la montagne au bas de laquelle les humains s'agitent et donnent cours à leurs petitesses!

Près de la lampe, projetant une lumière discrète sur une table chargée de papiers, M. Minoret évoquait le souvenir des graves penseurs du passé que l'idée avait protégés; enveloppés de cette idée comme d'une armure, ils avaient lutté contre le mauvais vouloir de leurs contemporains et trouvaient la tranquillité, même aux époques les plus tourmentées.

A ce moment, Armance, qui regardait M. Minoret, fut frappée de la transformation du savant, redevenu jeune, les yeux brillants, la bouche souriante : elle eut foi en M. Minoret et entrevit l'homme qui n'avait pas encore donné tout ce qui était en lui, qui pouvait atteindre des sommets plus élevés, celui à qui une sorte d'extase scientifique communiquait des forces.

Autant le savant était libre et radieux à sa table de travail, autant les dames se sentaient rivées à leurs sièges, osant à peine faire un mouvement. Fascinées par les yeux vipérins d'Echidna, Mme Boutibonne et sa fille baissaient la tête. Fanny, sentant le malaise gagner ses invitées, avait préparé le thé et s'efforçait de rompre, par sa figure souriante, la froideur et la gêne qui régnaient dans l'appartement.

Echidna repoussa la tasse qui lui était offerte. Entrée hostile dans la maison, hostile elle voulait en sortir, accentuer son passage et y laisser des traces.

— Non, mademoiselle, dit-elle d'un ton sec, je me retire... M. Claude m'accompagnera.

Ainsi se termina une soirée qui devait amener à bref délai d'étranges résultats.

XXII

LA CAGE AUX SERPENTS

M. Minoret était le seul dans le Jardin du Roy à ignorer les machinations dont il était l'objet. Trop plongé dans ses méditations pour remarquer qu'il n'avait pas été convoqué à l'Assemblée mensuelle, il développait actuellement sa dernière leçon pour en faire le sujet d'un mémoire, sans se douter que cette thèse avait déchaîné les foudres de M. Pardessus et que ses collègues l'avaient abandonné.

Seule Fanny eut la prescience d'un événement singulier survenu dans l'intérieur de l'établissement. Armance ne reparaissait pas, non plus que Mme Boutibonne et sa fille. Fanny ne s'était pas laissé prendre aux chaudes démonstrations des dames Boutibonne; il n'en était pas de même avec Armance. Son expansion avait tout le caractère d'une cordiale et solide intimité. Des demi-mots, des paroles échappées à Armance avaient montré l'étiolement de son cœur, les illusions qui se ternissaient de jour en jour, le vide qu'elle trouvait dans sa famille, son besoin d'affections, et Fanny s'était prise de commisération pour la pauvre fille semblable à une fleur languissante, sur le point de se faner si une main secourable ne la protégeait.

Armance se sentait mieux, disait-elle, depuis qu'elle fréquentait Fanny. La gaîté de la fille du professeur lui faisait oublier ses soucis. Elle s'était ouverte sur ce point à diverses reprises avec son amie. Comment expliquer alors un si subit brisement de relations affectueuses ?

Fanny se demanda si la visite d'Echidna n'était pas cause de cette rupture. Partout cette méchante femme laissait des traces de son venin : c'était, dans les esprits, une sorte de traînée visqueuse semblable à celle que tracent sur le sol les limaces après une soirée humide.

Fanny patienta ; elle avait conquis au contact de son père une philosophique résignation. Craignant toutefois qu'Armance ne fût souffrante, elle interrogea le portier. La veille encore, il avait vu la fille de l'administrateur sortir, accompagnée de sa mère.

Pour M. Minoret, il ne paraissait pas se douter qu'une autre qu'Armance lui servait actuellement de partenaire à la table de tric-trac. Un Vaucanson eût imaginé une machine capable de suivre la marche du jeu, que l'anthropologiste l'eût à peine remarquée.

Une huitaine s'était passée de la sorte lorsqu'un matin, en prenant la boîte à lait qu'une marchande déposait chaque jour à la porte de la maison, Fanny trouva sur le seuil un petit carré de papier plié d'une façon particulière avec cette adresse : *A Mademoiselle Fanny. Pour elle seule.*

La figure de la jeune fille s'empourpra. Un billet ! C'était le premier qu'elle recevait. Que pouvait-on lui écrire ? La première pensée de Fanny fut de porter le billet à son père ; cependant elle fut retenue par les mots : *Pour elle seule !*

Fanny devint soucieuse. A une certaine époque, des lettres anonymes avaient jeté le trouble dans le Jardin du Roy ; ces lettres, attribuées par l'opinion publique à Échidna, avaient failli amener le renvoi de personnes de l'établissement. La révélation de perfidies, de délations, répugnait à la nature de la jeune fille. Elle eut envie de déchirer le billet, qu'elle n'osait communiquer à M. Minoret.

Indécise, elle posa le billet sur la table. Elle attendait que la nuit lui portât conseil. Ce fut une mauvaise conseillère. Le repos ne vint pas. Le billet semblait s'être glissé entre les paupières de la jeune fille. Elle fermait les yeux, elle voyait dans cette pièce sans lumière le pli rouge, empourpré. Des voix lui criaient à l'oreille : Ouvre le billet !

Pour échapper à cette obsession, Fanny alluma une bougie, ouvrit le billet, et ses anxiétés redoublèrent. Elle lut : UN GRAND DANGER MENACE VOTRE PÈRE. POUR LE CONJURER, VENEZ DEMAIN A TROIS HEURES DANS LA CABINE AUX SERPENTS. NE VOUS FAITES PAS REMARQUER.

Ce billet anonyme était écrit en lettres majuscules pour mieux déguiser l'écriture. Fanny resta un moment anéantie. Un danger menaçait son père ! Quel danger ? Question obscure au milieu de laquelle s'infiltraient quelques clartés indécises. Ce danger avait déterminé sans doute la retraite des dames qui fréquentaient l'intérieur de M. Minoret ; mais ce n'était que la conséquence d'un fait inéclairci, et toute la nuit la jeune fille la passa anxieuse et irrésolue. Le rendez-vous donné dans la cabine aux serpents était singulier. L'auteur anonyme du billet avait-il choisi cet endroit comme symbole des dangers que faisaient courir à M. Minoret les langues venimeuses de l'établissement ? Si le rendez-vous n'était qu'un jeu pour troubler la tranquillité de Fanny !

Piège ou mystification, qu'importe ! La jeune fille résolut de se rendre à l'endroit désigné, quoiqu'il lui inspirât de la répulsion.

Dans une petite cour qu'assombrissait et rendait encore plus étroite l'adjonction de bâtiments élevés, se voyaient des vitres poussiéreuses, garnies extérieurement de grillages à mailles rapprochées. Derrière ces grillages se profilaient vaguement de grandes boîtes à demi couvertes de crasseuses couvertures qui formaient des creux ou des ondulations, suivant les mouvements des hôtes mystérieux cherchant sous la laine un abri contre le froid. A l'angle de ces boîtes étaient plantées des racines et des branchages desséchés qui étaient censés représenter des arbres. Là habitaient les crocodiles, les caïmans, les serpents, les caméléons, toute une race rampante et frileuse qui, la majeure partie de la journée, assoupie sous les couvertures, à de certains moments déroulait lentement ses anneaux, frôlait les racines d'arbres et offrait un spectacle d'autant plus fantastique que le demi-jour de la fenêtre donnait un caractère particulier aux morbides enlacements des reptiles, à leurs lents allongements, aux aplatissements de crânes, aux yeux brillants des vipères et à l'aigu de leurs langues barbelées.

Quoique Fanny eût été habituée par M. Minoret à regarder tout animal comme occupant sa fonction nécessaire dans l'échelle des êtres, la jeune fille ne pouvait se défendre d'une certaine antipathie contre la race des rampants ; mais d'autres rampants étaient plus dangereux, qui s'attaquaient à son père. Aussi, se mêlant à un groupe de curieux qui faisaient queue, elle attendit que le gardien ouvrît la porte pour se glisser au milieu de la foule.

Un espace étroit longeant les cages était réservé au public ; mais, à l'intérieur, comme à l'extérieur, les serpents se mouvaient dans un demi-jour douteux, les grillages ne permettant pas à la clarté d'entrer franchement.

Une femme voilée, qui paraissait vouloir cacher sa physionomie, était restée seule du groupe qui venait de sortir. Elle vint au-devant de Fanny.

— Armance ! s'écria la jeune fille.

Un serrement de main entraîna Fanny à l'extrémité du couloir, pendant que le gardien continuait ses explications pour une nouvelle fournée de curieux.

— Il m'est interdit de vous voir, dit Armance d'une voix brève. Mon père ne le permet plus....

— Pourquoi ? demanda Fanny.

— On prépare quelque machination contre M. Minoret.

Les yeux de Fanny se mouillèrent. Le sang monta à son gosier.

— Prenez cette lettre de mon père au Ministre ; j'étais chargée de la mettre à la poste, je l'ai gardée... Ce que j'ai fait est mal ; par sympathie pour vous, pour M. Minoret, je me compromets peut-être.

— Que vous êtes bonne, Armance ! dit Fanny en serrant la main de l'amie qui lui remettait la lettre.

Les curieux à la suite du gardien s'étaient rapprochés.

— Prenez bien garde à la lettre, reprit Armance. Il ne faut pas qu'on nous voie ensemble... Demain vous...

Sans terminer cette phrase Armance s'était enfuie.

A l'extrémité de la galerie Echidna venait d'apparaître. Penchée vers la vitrine des serpents, elle semblait les étudier avec attention.

Troublée par la disparition d'Armance, Fanny, épouvantée à la vue d'Echidna, s'était reculée contre le mur, semblable à une tourterelle qui voit une couleuvre se diriger vers son nid pour y sucer les œufs. Par un mouvement instinctif, Fanny ferma la main pour protéger la lettre.

Echidna, qui avait aperçu Fanny, vint droit à elle.

— Que je suis aise de vous rencontrer, chère

petite ! dit-elle, en s'efforçant de donner un ton caressant à ses paroles.

Fanny pâlit.

— Mais que faites-vous ici, chère enfant ? dit Echidna dont la voix ne s'harmonisait guère plus avec les paroles que du vitriol avec du sucre.

Fanny serra la lettre avec force.

La lettre blessait la main de la jeune fille. La pression avait rompu l'épais cachet de cire de l'enveloppe, et les morceaux saillants entraient dans les chairs de la main.

— Je vous trouve un peu pâle aujourd'hui, chère petite, dit Echidna en dardant un froid regard sur Fanny.

— Je vais lâcher la lettre, se dit la jeune fille.

Elle constatait que l'extrême pression de la main empêchait le sang de circuler dans son bras gauche...

— En effet, je ne me sens pas bien, dit Fanny qui fit un effort pour se diriger vers la porte.

Echidna la suivit.

— Appuyez-vous sur moi, chère petite, dit-elle en s'emparant du bras gauche de Fanny.

En ce moment la lettre était broyée par un

dernier effort de la jeune fille ; mais le bras devenait inerte.

— Vous souffrez du bras, chère enfant, reprit Echidna qui remarquait l'inertie de ce membre.

— Perdue ! pensa Fanny à bout de forces. La lettre va m'échapper.

La sortie de la cabine aux serpents, l'air pur des allées du jardin, lui rendirent quelque courage.

— Ah ! s'écria-t-elle en se précipitant tout à coup vers l'écurie de l'éléphant dont un gardien allait fermer la porte.

D'un bond Fanny franchit l'espace qui sépare l'endroit palissadé de l'écurie. Sans s'inquiéter de ce que penseraient de cet acte Echidna et le gardien, elle eut la présence d'esprit de tourner la clef de la serrure intérieure, ouvrit son corsage pour y introduire la lettre ; mais son courage était à bout et elle tomba évanouie à deux pas de l'éléphant, qui regardait cette scène avec ses petits yeux étonnés.

XXIII

L'ŒIL DE L'ÉLÉPHANT

Au moment où Fanny se précipita dans l'écurie de l'éléphant, l'animal se préparait à prendre sa nourriture ; il avait englouti, pendant l'après-midi, en guise d'apéritif, une quarantaine de pains de seigle, mais par si menues bouchées qu'elles n'étaient qu'une amusette. L'éléphant aspirait au repos, ayant terminé sa journée d'animal savant ; il s'était montré suffisamment docile pour les bonnes d'enfants et les enfants eux-mêmes qui lui offraient de la mie de pain en retirant leurs petites mains avec frayeur. Comme un courtisan empressé près de personnages puissants, il avait suffisamment « fait le beau » : toutes sortes de courbes, de ronds, il les avait dessinés en l'air ; suivant le mot d'un plaisant, il avait trop joué de la trompe. L'œil mélancolique de l'éléphant était peuplé du souvenir d'un tas de badauds. A diverses reprises, malgré sa placidité, l'animal avait été obligé de se contenir ; il avait subi les mauvaises plaisanteries de mystificateurs qui, successivement, lui offraient du papier, des cailloux, des cigares. L'éléphant était résigné, se sentant au pouvoir des civilisés. Au lieu des grands déserts que jadis il parcourait avec ses compagnons, il était maintenant condamné à vivre dans une écurie, spacieuse pour l'endroit, mais qui semblait à l'animal de la grandeur d'un dé à coudre.

On a dit que l'œil de l'éléphant était plus fin que celui de tous les autres quadrupèdes. Il n'a pas seulement sa part de malice, il s'ouvre de profil dans sa bonté pour l'humanité, et semble la partie la plus vivante de l'enveloppe de vieux bronze fruste qui protège l'animal.

Quand Fanny, hors d'elle-même, se précipita dans l'écurie, l'éléphant, qui attendait le gardien chargé de lui apporter sa pitance, fut étonné. L'émotion de la jeune fille était telle qu'elle eût donné à réfléchir à un écureuil.

Fanny tomba inanimée sur le sol. L'éléphant fit un pas vers elle, dirigea sa trompe sur l'être étendu sans mouvement, et son œil prit une expression de commisération mêlée d'inquiétude de ne pouvoir venir en aide à la jeune fille privée de connaissance.

L'animal eut à peine le temps de réfléchir à cet incident bizarre. Par la porte de derrière de l'écurie, le gardien, suivi d'Echidna, venait d'entrer.

Fanny, en fermant à clef la porte d'entrée pour mettre une barrière entre elle et la Vipère, n'avait pas pensé qu'une autre issue existait par laquelle le gardien introduisait les vivres nécessaires à l'éléphant.

— Cette chère enfant, où est-elle ? dit Echidna en entrant.

Elle s'était rendu compte des motifs de la fuite de Fanny, la jeune fille n'ayant pu dissimuler les coins de l'enveloppe de la lettre qui dépassaient sa main fermée.

Qu'était-ce que cette lettre qui inspirait tant de trouble à Fanny ? Echidna voulait le savoir.

Ses yeux de faïence prirent un rayonnement singulier quand elle aperçut Fanny étendue sur le sol, la main ouverte, le corsage dégrafé. Là était la cachette.

— Baptiste, dit Echidna au gardien, allez chercher de l'eau, du vinaigre...

Aussitôt que le gardien fut sorti, Echidna plongea la main dans la chemisette du corsage de Fanny sans rien trouver. Avec rage, la Vipère froissa la mousseline qui protégeait la poitrine de la jeune fille. Elle écarta fièvreusement le frêle tissu recouvrant une peau plus blanche que du lait.

L'œil attendri de l'éléphant suivait cette perquisition.

Echidna palpa Fanny par-dessus ses vêtements ; la lettre ne se trouvait pas !

D'un coup d'œil la Vipère parcourut tous les coins de l'écurie. Dans quel endroit Fanny avait-elle pu cacher la lettre ? Les murs étaient nus, sauf un grand râtelier pour la nourriture de l'éléphant. Le terrain était dallé. Pas un endroit secret pour cacher une lettre !

Echidna regarda l'éléphant. Planté sur ses pattes massives, l'animal ne bougeait pas ; les majestueuses lignes de son enveloppe rugueuse se profilaient, immobiles, sur les murailles blanches.

En se voyant en face d'une sorte de juge

d'instruction, l'éléphant releva la trompe au-dessus du crâne et ouvrit toute grande sa gueule, comme un homme injustement accusé de vol retourne ses poches en public. La Vipère, sans s'inquiéter de cette manœuvre, ne s'arrêta pas à considérer le regard de l'animal; l'œil compatissant de l'éléphant ne disait rien aux regards froids d'Echidna.

Le gardien, qui revint, aida Echidna à rafraîchir le front de Fanny et à lui faire respirer un linge humecté de vinaigre. En ce moment, la Vipère avait hâte de tirer sa victime de l'évanouissement. Un espoir lui restait. La lettre avait sans doute échappé à ses recherches; elle devait se trouver dans quelque pli du vêtement.

A l'aide du gardien, Echidna fit lever Fanny qui commençait à respirer; mais la lettre n'apparut pas!

— Ma chère enfant, que vous m'avez donné d'inquiétude! dit la Vipère d'un ton à la fois caressant et hostile.

Fanny semblait sortir d'un rêve, d'un mauvais rêve; tour à tour elle regardait Echidna, le gardien, l'éléphant, le singulier endroit où elle se trouvait.

Une pensée lui traversa l'esprit. La lettre ! Echidna avait dû s'en emparer !

La jeune fille se contint pour ne pas laisser paraître son émotion.

— Je veux retourner à la maison, dit-elle en jetant autour d'elle un regard inquiet.

— Chère enfant, vous ne le pouvez dans le désordre de vos vêtements...

Fanny agrafa son corsage et se couvrit de son mantelet.

— Je vais vous accompagner chez vous, chère enfant, dit Echidna.

— Non, dit d'un ton ferme Fanny : j'ai besoin de respirer seule.

En traversant l'écurie, Echidna promenait un regard ardent sur les dalles, comme si elle eût voulu les soulever. Non moins expressifs étaient ceux de Fanny qui se disait :

— La lettre est en la possession de la Vipère !

En sortant, Echidna glissa cinq francs dans la main du gardien.

— Tu en auras le double, lui dit-elle, si tu trouves dans l'écurie une lettre que j'ai perdue.

Resté seul, l'éléphant demeura songeur, comme s'il avait conscience du rôle qu'il jouait dans ce drame. En se dirigeant vers son râtelier l'animal leva la patte droite, sous laquelle était la lettre.

Le froissement névralgique du papier dans la main de Fanny, le poids des pattes de l'animal, avaient fait de l'enveloppe une boule terreuse et noirâtre, qui bientôt disparut au milieu de la litière sur laquelle l'éléphant s'étendit, attendant avec impatience le repas retardé par ces incidents.

XXIV

EUPHORBIA MORTIFERENS

Cependant M. Pardessus s'étonnait de ne pas avoir reçu du ministère une réponse à sa dépêche concernant M. Minoret; il s'était attendu à un arrêté de révocation du naturaliste, basé sur des considérants sévères : mesure qui eût affirmé la toute-puissance de l'administrateur. Quinze jours s'étaient écoulés depuis lors. M. Minoret continuait son cours, et, d'heure en heure, les événements qui devaient décider de la fermeture du laboratoire perdaient de leur portée.

Inquiet, M. Pardessus alla rendre visite à Mme de Montendre.

La marquise crut qu'il s'agissait des projets de mariage, et demanda s'ils étaient sur le point d'aboutir.

— Il ne peut plus être question d'une pareille union pour ma fille... Les théories abominables de ce Minoret m'empêchent de l'accueillir dans le sein de ma famille... Puis-je avoir pour gendre un accusé contre lequel le pouvoir est appelé à sévir?

— Que me dites-vous là, Maxime? s'écria la marquise.

Après un récit des faits qui mettaient en émoi M. Pardessus :

— Je crains, dit la marquise, que le ministre ne réponde pas.

— Est-ce possible, à la suite d'un scandale si public?

— Si vous saviez, Maxime, la faute que nous avons commise en faisant renvoyer Bourbonne. Nous avons affaire aujourd'hui à une sorte de personnage boutonné jusqu'au col, qui écoute, ne répond pas et appartient à l'école de Talleyrand... Ce monsieur de Molay-Bâcon a été appelé au ministère sur la recommandation du prince... Il est des familiers de l'hôtel Saint-Florentin... Et nous craignons tous l'influence de Talleyrand qu'on ne voit apparaître que dans les moments de crise, à qui on demande des conseils et qui a l'habitude d'en donner de tels que ceux qui le consultent vont à l'abîme... La situation politique est des plus tendues... M. de Molay-Bâcon, le nouveau ministre de l'Instruction publique, est un homme austère que ses collègues redoutent et sur lequel aucun de nos amis n'a barre... Votre rapport, Maxime, est malheureusement arrivé à un fâcheux moment. Il est dans les cartons, j'en suis presque certaine.

— Dans les cartons? demanda M. Pardessus qu'un tel internement de son mémoire choquait au plus haut des points.

— En compagnie de beaucoup d'autres, Maxime... Votre affaire du Jardin du Roy est un détail.

— Un détail! s'écria l'administrateur tout à fait scandalisé.

— Un détail, vu les circonstances actuelles... On pourrait peut-être remédier à cet oubli... Connaissez-vous quelqu'un dans les bureaux?

M. Pardessus secoua négativement la tête.

— Comment, Maxime, vous ne connaissez personne dans les bureaux... Quelle faute! Les bureaux sont tout, le ministre n'est rien... Vous devez savoir que le ministre ne signe que les papiers envoyés par les bureaux... Qui sait même si ce M. Minoret n'a pas dans le cabinet un protecteur qui a escamoté votre rapport?

— Escamoter mon rapport! reprit M. Pardessus qui regardait un tel fait comme un sacrilège.

— Cela s'est vu... On n'a pas reçu le rapport; tout est dit... Il se pourrait donc que votre mémoire ait été détruit...

— Détruire mon rapport! reprit l'administrateur visiblement anéanti.

— Vous rappelez-vous, Maxime, la date du jour où vous avez envoyé le rapport au ministre?

— Il y a près d'un mois.

— Un mois! Le rapport n'a pas suivi la ligne droite; il est enterré... Vraiment, Maxime, je vous croyais plus ferré en matières administratives... Enfin, vous êtes sous le coup d'un échec, il faut le réparer.

— Que dois-je faire? disait M. Pardessus accablé.

— Rien... Ne soufflez pas mot du rapport pour l'instant... Dans quels termes êtes-vous avec ce M. Minoret?

— Je le tiens à l'écart comme une bête fauve... Ses collègues partagent ma manière d'agir.

— Votre subordonné se doute-t-il que vous ayiez rédigé un mémoire contre lui?

— C'est un visionnaire qui ne se rend pas compte des choses de la vie.

— Tant mieux... Je craignais pour vous, Maxime.

— Pour moi?

— Qui sait si par hasard votre savant n'est pas dans les bonnes grâces de M. de Molay-Bâcon! Car une autre hypothèse se présente... Le Ministre aurait lu votre mémoire sans en tenir compte...

— Vous me disiez tout à l'heure, chère marquise, que tout aboutissait aux bureaux.

— En effet, quatre-vingt-quinze fois sur cent... Mais ce Ministre sournois, qui ne communique ses impressions à personne, peut vouloir prendre connaissance des papiers qui arrivent à son cabinet.

A cette heure, en face de telles révélations, M. Pardessus perdait de son assurance.

— Les projets d'union que vous méditiez, dit Mme de Montendre, ont-ils été rompus avec plus éclat?

— J'ai enjoint seulement à Armance de ne fréquenter la fille de M. Minoret.

— Vous pouvez, Maxime, sans perdre de votre autorité, renouer les relations entamées; car, après tout, quel est le crime de ce M. Minore?

— Un impie qui renverse les données de la Bible.

— N'est-ce que cela? dit la marquise.

— Mais toute la science est bouleversée.

— La science a bon dos.

— La religion outragée...

— C'est ce qui fait sa force.

— L'Europe, dit M. Pardessus, pâlit d'entendre de pareils blasphèmes scientifiques.

— L'Europe a d'autres chats à fouetter que ceux du Jardin du Roy... Diane arrangera tout cela, ajouta Mme de Montendre en donnant sa main à baiser à l'administrateur.

Perplexe, M. Pardessus revint au Jardin du Roy, ne sachant quelle conduite tenir et trouvant que les fonctions administratives amenaient de soucieux quarts d'heure.

Assis, accablé, dans son fauteuil, pour la première fois de sa vie l'homme pensait; comme il n'en avait pas l'habitude, le directeur ne parvenait point à relier entre eux les fragments de ligne de conduite qui prenaient diverses formes dans son cerveau et à en faire un assemblage régulier.

Combien eussent été vengés les professeurs du Jardin du Roy s'ils avaient pu voir, à cette heure, l'autocratique personnage affaissé, l'œil morne, suivant à l'horizon le rapport que l'administrateur envisageait plein de danger.

Le dîner de M. Pardessus, d'habitude sans cordialité, se passa maussade et sans paroles. La nourriture que prenait l'administrateur était noyée dans un flot de bile qui la rendait amère.

Toutefois, au dessert, la domestique apporta une lettre avec le mot *pressé* sur l'enveloppe. M. Pardessus l'ouvrit avec émotion en reconnaissant l'écriture de la marquise. Par ce billet, Mme de Montendre prévenait l'administrateur que le lendemain Diane visiterait le Jardin du Roy. « Présentez-lui vos quatre fiancés, lui disait-elle, et préparez-les à se montrer favorables à vos projets. De cette entrevue peut dépendre votre avenir. »

La physionomie de l'administrateur s'illumina.

— Armance, dit-il, ne manque pas d'aller ce soir chez M. Minoret l'avertir que demain la duchesse de Châteauminois nous fait l'honneur de visiter le Jardin du Roy... Qu'il se tienne prêt à la recevoir dans son laboratoire... Invite ton amie Fanny à t'accompagner à cette réception qui sera, je l'espère, féconde en résultats pour l'établissement.

Armance regardait son père avec inquiétude.

— Fais ce que je te dis, reprit M. Pardessus... Il n'y a pas de temps à perdre pour préparer les Minoret à cette entrevue importante.

En voyant entrer Armance, qu'elle n'avait pas revue depuis l'incident de la lettre, Fanny pâlit. Quelque danger imprévu menaçait-il de nouveau son père ?

M. Minoret ne s'aperçut pas de l'entrée d'Armance. La partie de tric-trac était terminée, et le savant plongé dans ses recherches échappait à la vie extérieure.

Après avoir pris place autour de la table où travaillait Fanny, Armance lui fit part des décisions de M. Pardessus pour le lendemain. La fille du naturaliste écoutait surprise, ne comprenant pas ce retour subit de l'administrateur à de meilleurs sentiments envers M. Minoret, alors que chacun s'écartait de lui.

— Mon père, dit Armance, désire que nous fassions à la duchesse les honneurs du Jardin du Roy.

Au risque d'être quelque peu malmenée par M. Minoret, Fanny alla à lui.

— Père, lui dit-elle, tu n'as pas remarqué qu'Armance vient nous tenir compagnie.

M. Minoret poussa un soupir de mécontentement.

— Armance est chargée de te prévenir de la part de M. Pardessus que tu aies à rester demain dans ton laboratoire; il doit être visité par une grande dame de la cour.

Le naturaliste regarda avec un vif étonnement sa fille et Armance qui s'était avancée.

—La duchesse de Châteauminois, dit Armance, passe pour s'intéresser à l'histoire naturelle.

M. Minoret poussa un *ah!* plein de scepticisme. Une femme de la cour curieuse des sciences naturelles était un phénomène dont le professeur n'avait jamais entendu parler ; aussi l'annonce de l'arrivée d'une femme du grand monde paralysait le savant par avance.

— Enfin ! s'écria-t-il, je ferai ce que l'administrateur me demande.

A partir de là, Armance et Fanny ne purent se communiquer tout ce qu'elles avaient à se dire. M. Minoret, troublé, se levait et fatiguait de questions la fille de M. Pardessus sur les causes de cette visite, sur la toilette qu'il convenait de faire. Jamais le naturaliste ne s'était préoccupé de semblables détails.

— J'oubliais une recommandation de mon père, dit Armance en partant ; vos hommes de service doivent être en grande tenue ; également, il vous charge de prévenir M. Claude d'être à son poste, près de vous.

Encore cette nuit se passa agitée pour M. Minoret, pour Fanny, qui avait un vague pressentiment du résultat d'une visite si imprévue.

Le trouble fut encore plus grand le lendemain parmi le personnel de l'établissement. Les gardiens avaient répandu la nouvelle de la visite de la duchesse dans le Jardin du Roy. Et aucun autre professeur que M. Minoret n'était convoqué! Que signifiait cette préférence d'un homme si honni, au ban de l'Assemblée, et qui, victime de l'administrateur, avait l'honneur de recevoir une princesse? Car l'opinion publique adopta le titre de princesse. Pourquoi cette visite exclusivement consacrée à l'anthropologie? N'était-ce pas faire injure aux naturalistes, ravaler du même coup l'icthyologie, la minéralogie, la botanique, que de jeter un regard exclusif sur une science aussi vague que celle professée par M. Minoret?

Être ambitieux et sournois que ce chef de service! Il feignait d'être vaincu dans des luttes constantes avec l'administration pour se redresser tout à coup comblé de gloire et d'honneurs, car il n'y avait pas à se le dissimuler, la visite d'une princesse du sang aurait pour conséquence des faveurs, des décorations dont bénéficierait M. Minoret à l'exclusion de ses collègues.

A cette heure, les diverses portes donnant dans le Corridor-qui-parle s'entre-bâillaient avec prudence ou se fermaient bruyamment par d'ardents émissaires féminins. Les femmes des professeurs colportaient la nouvelle, s'excitaient à la révolte, parlaient beaucoup, agissaient peu, se répandaient en diatribes contre l'administrateur, accablaient M. Minoret d'épithètes injurieuses, prenaient le ciel à témoin de la justice de leur cause et gourmandaient leurs maris de ne pas partir en corps, sur l'heure, porter l'expression de leurs doléances légitimes auprès de M. Pardessus.

Echidna soufflait le feu sous la chaudière du mécontentement, ranimait la flamme de Mme Boutibonne, excitait Mme Comparet, suppliait Mme Pétrequin de faire preuve de caractère et reprochait à Mme Francazal de ne pas imiter les rugissements des animaux dont son mari avait la garde.

— C'est assez de remuer sans cesse dans la vie comme un écureuil, disait-elle à M. Drelincourt, il faut agir !

Les hommes semblaient consternés. Echidna eut une inspiration.

— Ces messieurs sont irrésolus, dit-elle ; c'est à nous, femmes, de montrer le courage qui leur manque. Ils sont lâches, soyons viriles... Nous nous habillerons en grande toilette, et quand la voiture de la princesse sera signalée nous nous avancerons, portant des bouquets que ne peut nous refuser M. Jumeau-Rogniat... L'administrateur n'a pas songé à cette légitime revendication de nos droits... Qui oserait nous empêcher d'accabler de fleurs la princesse ? Et si l'odeur porte à sa tête, qu'elle en soit indisposée, tant mieux ! Elle le sera moins que nous, victimes des passe-droits qui se préparent en faveur d'un Minoret...

Par sa violence, Echidna dépassa les bornes et jeta de l'eau au lieu de feu dans l'esprit des femmes des naturalistes ; mais quand la voiture amenant la duchesse fut signalée et que M. Pardessus, entouré de gardiens de l'établissement, se présenta pour recevoir Mme de Châteauminois, l'exaspération d'Echidna fut au comble et les femmes des professeurs pensèrent qu'elles avaient sagement agi en refusant de s'unir à elle pour offrir des bouquets à la duchesse, car la Vipère eût certainement compromis les dames de l'établissement par quelque sortie désagréable.

Armance et Fanny, présentées par l'administrateur, se tinrent aux côtés de Diane pour la conduire vers le laboratoire de M. Minoret.

La duchesse de Châteauminois, dont les beaux cheveux blonds et la toilette appelaient les regards, ressortait plus particulièrement entre les jeunes filles d'un aspect modeste et effacé. Quoique plus portée aux sentiments critiques qu'à la bienveillance, Diane se contint : elle avait promis à sa mère un concours absolu à M. Pardessus et elle se sentait tellement supérieure en face de Fanny et d'Armance, qu'elle eut pitié de les accabler de ses railleries.

— J'ai deux mariages à faire, pensait-elle, dans ce monde de sapajous.

Pour Diane, le Jardin du Roy était une collection de singes ; elle n'en savait pas plus.

Echidna, la seule qui n'eût pas abandonné la partie, suivait de loin le petit cortège, voulant repaître sa curiosité jusqu'au bout. A mesure que les visiteurs disparaissaient dans les allées sinueuses, Echidna se cachait derrière les arbres et s'efforçait de ne pas perdre la piste.

Diane et son entourage étaient arrivés au laboratoire de M. Minoret. Claude en ouvrit la porte.

— Nous entrons chez le magicien, dit à M. Pardessus la duchesse frappée à la vue des squelettes qui décoraient le laboratoire. Il ne manque qu'un hibou sur une colonne.

M. Minoret était debout, ses longs cheveux gris flottant sur les épaules.

Diane fut étonnée de l'attitude de l'homme : une profonde ride transversale sillonnait le front de l'anthropologiste, que le travail et la méditation avaient développé et rendu majestueux. La bonté se lisait sur une lèvre inférieure épaisse, mais pure, à laquelle les passions ne s'étaient pas accrochées. Les yeux, creusés par l'étude, avaient conservé la candeur de ceux d'un enfant.

— Je suis heureux, monsieur, dit Diane que le respect avait gagné, de me trouver en présence d'un savant distingué... que l'Europe nous envie.

Ce trait, elle l'accentua avec une nuance de raillerie à l'adresse de M. Pardessus, qui rarement manquait de prendre à témoin de sa haute importance les nations étrangères.

M. Minoret s'inclina, ne sachant qu'elle réponse faire à la jolie duchesse qui l'intimidait par un mélange d'étudié et de naturel, de regards piquants et de curiosité indiscrète pour tout ce qu'elle voyait.

Diane fit rapidement le tour du laboratoire : d'un coup d'œil elle avait tout vu.

— Que vous seriez aimable, monsieur, dit-elle au naturaliste, de me guider dans le Jardin du Roy, où je suis certaine, grâce à vous, d'apprendre tant de choses.

Sans façon elle s'empara du bras de M. Minoret, pendant que M. Pardessus suivait, accompagné d'Armance.

Les femmes du monde ont le secret de mettre à l'aise ceux qu'elles savent ne pas être de leur bord. Diane se faisait enfant pour le savant; tout ce que M. Minoret lui montrait, elle le trouvait *joli* ou *amusant ;* c'était le fond de son dictionnaire.

Par moment, le naturaliste s'imaginait promener un de ces ravissants oiseaux parisiens auxquels le monde a appris quelques mots uitles à appliquer dans les différentes situations de la vie, et qui, à première audition, peuvent passer pour intelligents. Diane ne manquait pas, toutefois, d'un certain art. Ses coquetteries, elle les tourna au profit d'Armance ; ses invites matrimoniales, elle les entourait de fondants. Armance, à entendre la duchesse, était une perfection ; son célibat lui avait fait entrevoir le mariage comme un port de salut ; elle chérirait tout époux qui se présenterait actuellement et entourerait de soins un homme dont elle aurait à s'enorgueillir.

Sur un signe de M. Pardessus, Claude avait offert son bras à Fanny. Diane remarqua la froideur de ce couple, dont les membres étaient rivés à une même chaîne par la volonté de l'administrateur. Claude, gêné et contraint, n'avait pas trouvé de sujets de conversation pendant la promenade ; aussi bien Fanny ne lui en fournissait pas de motifs. Sa répugnance pour le préparateur était extrême ; elle avait un pressentiment que ce bras ne soutenait pas le sien sans raisons, et elle le traitait comme une rallonge gênante, dont elle s'efforçait d'écarter le contact.

A l'attitude de la jeune fille, Diane comprit que la résistance était plus vive de ce côté que de celui de M. Minoret. Combien était délicat pour la capricieuse duchesse ce double rôle d'agent matrimonial, qui lui convenait si peu, et dont elle ne s'était chargée que pour être agréable à la marquise de Montendre! Diane, piquée au jeu toutefois, entreprit de convertir Fanny et de la disposer à l'union qui entrait dans les plans de M. Pardessus; c'est pourquoi elle saisit l'occasion de quitter le bras de M. Minoret, croyant avoir suffisamment endoctriné le naturaliste. En rejoignant Fanny, qu'ainsi elle enleva à Claude, Diane fut récompensée par un sympathique sourire de la jeune fille, qui, délivrée du préparateur, ne crut pas devoir payer d'un regard assez reconnaissant la duchesse qu'elle regardait comme une alliée.

Après divers circuits dans le jardin, le groupe se dirigea dans la direction des serres. Echidna, toujours aux aguets, avait pressenti que M. Pardessus y conduirait ses hôtes; car les tournées officielles se terminaient habituellement par cet endroit, réputé le bouquet du Jardin du Roy.

Echidna coupa court par des allées transversales et arriva à la grande serre sans être remarquée. Derrière les hautes plantes des tropiques elle pourrait se blottir, épier les visiteurs, les entendre converser et se rendre un compte exact des incidents produits par la visite de la duchesse.

Tout semblait répondre à l'ardente curiosité d'Echidna. Avec Fanny qui s'ouvrait à elle, naïve et pleine d'expansion, Diane fit jouer les cordes du mariage sur une lyre dont, malheureusement, elle ne connaissait qu'imparfaitement les ressources. Mme de Châteauminois parla beaucoup plus de liberté que de devoirs : ce dernier point lui était inconnu. La jeune femme coquette passait à côté du bonheur conjugal, un terrain qu'elle ne soupçonnait pas. Le mariage était un prétexte à de spirituels sarcasmes pour Diane, qui ne se doutait pas qu'elle laissait un vide dans l'esprit de celle qui était tout sentiment.

La visite dans la serre touchait à sa fin. Le groupe descendait une pente escarpée communiquant à la terrasse lorsqu'un cri déchirant se fit entendre, un long cri d'autant plus poignant au milieu des verdures inaltérables qui faisaient de la serre une fraîche oasis où nul bruit, pas même celui du chant des oiseaux, ne se faisait enteendre.

— Là! s'écria M. Minoret en avançant la main dans la direction d'une allée escarpée côtoyant la voie principale.

Le dernier appel d'un être qui se noie, la supplication d'une victime à un assassin qui retourne le couteau dans la plaie ne sont rien en comparaison des cris qui se succédaient, pleins de douleurs.

M. Minoret, le premier, courut vers l'avenue d'où partaient les plaintes.

Sur le sol, Echidna étendue, la face contre terre, tressaillait convulsivement comme secouée par de violentes commotions électriques.

M. Minoret courut à elle et essaya de la relever. Les cris d'Echidna redoublaient, plus aigus que jamais.

La malheureuse, voulant devancer le cortège, avait descendu la pente rapidement. Son pied s'était pris dans l'interstice des petites barrières de fer ajouré qui enserrent les plantations. Le corps ainsi projeté violemment en avant, Echidna tomba sur la pointe aiguë d'une plante, dont la côte barbelée était entrée dans un de ses yeux.

— Oh! s'écria M. Minoret, en lisant sur la fiche de bois arrosée du sang d'Echidna : *Euphorbia mortiferens*.

La face clouée par la terrible plante qui la fixait au sol, Echidna faisait des efforts surhumains pour se débarrasser de cette arme dont les aspérités, formant dents de scie, déchiraient l'orbite. Après chaque effort impuissant, la blessée retombait inerte.

— Un couteau, vite! dit M. Minoret au gardien des serres.

Quoique hors de lui, le naturaliste mit un genou à terre, et, tremblant, coupa à sa racine la plante, dont les pointes barbelées formaient hameçon.

Alors apparut un spectacle affreux. Un tronçon couvert de filaments sinistres semblait la tête poilue d'un oiseau fantastique, dont le bec recourbé aurait fouillé dans l'orbite de la blessée, laissant une rigole de sang qui sillonnait les joues verdâtres.

Pendant qu'on transportait Echidna hors de la serre :

— A la Pitié, vite, demandez l'interne du chirurgien de garde, dit M. Minoret.

Lui seul, avait conservé quelque sang-froid. Sur son ordre, deux gardiens portèrent la victime, et le cortège traversa les allées du Jardin du Roy, épouvantant les visiteurs, jusqu'à l'habitation de M. Morateur.

Le professeur resta froid, habitué à ne pas laisser l'émotion prendre prise sur lui.

Émue de ce spectacle, Diane remonta en voiture, ayant assisté à l'affreux accident qui laissait indifférents la plupart des gens.

— Il est mérité, lui dit M. Pardessus qui avait, à plusieurs reprises, reçu des atteintes de la langue venimeuse de la Vipère.

— J'espère a voir le plaisir de vous revoir, dit, en partant, Diane à M. Minoret. Pensez à notre conversation, ajouta-t-elle en embrassant Fanny.

Sur le moment, le naturaliste oublia le motif de la visite de la duchesse. L'accident d'Echidna avait enlevé à M. Minoret la conscience de tout ce qui ne se rapportait pas à la victime. Il avait fallu transporter la blessée à l'hôpital de la Pitié, suivant l'avis de l'interne.

— Le chirurgien Verneuil est seul capable de tenter une pareille opération, avait-il dit.

Ainsi M. Morateur se trouva délivré des gémissements de la malheureuse qui troublait sa quiétude.

XXV

LA NUIT AUX SOUVENIRS

Pendant la soirée, M. Minoret reçut la visite des dames de l'établissement ; elles avaient soif de détails sur les événements dramatiques de l'après-midi. Ce n'est pas que la pitié fût vive pour Echidna. On feignait de la plaindre ; on témoignait plus de compassion pour M. Morateur dont le caractère s'était affaissé sous le joug de la méchante créature ; mais surtout la curiosité féminine était excitée par la venue de la princesse du sang royal et les marques toutes particulières d'attention qu'elle avait prodiguées à M. Minoret.

Ce soir-là encore, les travaux du naturaliste furent suspendus : le savant eût médité plus facilement dans la cage aux perroquets. C'étaient des caquetages sans fin sur la visite de la princesse (les dames tenaient essentiellement à gratifier Diane de ce titre).

Cependant la pendule marquait onze heures et demie ; les femmes des professeurs levèrent le siège, bien à contre-cœur, se promettant le lendemain de revenir à la charge et de faire parler le naturaliste.

Rentré dans sa chambre, M. Minoret prit un livre et le feuilleta machinalement : il tournait les pages, son attention était portée ailleurs. A diverses reprises le savant passa la main sur son front, comme s'il eût voulu effacer les souvenirs qui s'agitaient à l'intérieur. M. Minoret ferma le livre et ouvrit la fenêtre. Il avait besoin d'air ; ses pensées, son sang, voulaient être rafraîchis. Se complaire dans la science pure et être condamné à de telles tourmentes de la vie usuelle constituaient pour l'anthropologiste un de ces supplices dont dispose la civilisation et qui, à ses yeux, laissaient bien en arrière les atrocités dont se rendent coupables les sauvages sur leurs victimes.

Pour la première fois, M. Minoret voyait clair. Le voile s'était déchiré, démasquant les machinations de M. Pardessus.

Minuit sonna à la pendule. Une heure indue pour le savant qui, chaque soir, se reposait dans un sommeil calme de l'agitation de ses idées. Minuit! Heure mémorable après laquelle M. Minoret aspirait seulement chaque année, le trente et un décembre.

Ce soir d'hiver, M. Minoret s'asseyait près de son foyer dans lequel une bûche pétillante annonçait des « nouvelles ». Près de la cheminée était une petite table chargée de lettres bien anciennes, et que pourtant le savant regardait comme appartenant à la nouvelle année. Au douzième coup de la pendule, M. Minoret relisait les lettres de la pauvre Marie : c'était son cadeau de premier de l'an.

Les souvenirs de la mère de Fanny, la visite au cimetière, le savant ne connaissait pas d'autres consolations dans la vie.

A la suite des émotions de la journée, des cruelles révélations qui s'étaient fait jour dans son esprit, le temps avait manqué à M. Minoret pour aller au cimetière demander conseil. à l'ombre de Marie. Une seule aide lui restait : les lettres de celle qu'il avait tant aimée.

De même qu'au dernier jour de l'année,

M. Minoret s'assit près de la petite table au coin de la cheminée et dénoua le ruban qui liait le premier paquet en le baisant tendrement. Ces tendresses, qui font monter le sang aux joues des jeunes, rougissent les paupières des vieillards. Mais le sang qui monte aux joues est doux et brûlant ; celui qui afflue aux paupières amène des larmes arides.

M. Minoret essayait de rester ferme. Il lut la première lettre et son regard devint plus brillant, sa figure se transfigura. Cette lettre en tête du paquet était de la mère de Marie. Le jeune homme admis à faire sa cour était reçu dans la maison. Professeur alors dans un lycée de province, M. Minoret n'avait pu croire d'abord à ce premier grand bonheur de sa vie, à cette lettre qui lui faisait entrevoir l'humanité fraîche et souriante... Que le cœur est grand pour contenir tant de bonheur ! Le jeune homme avait à peine dîné afin de montrer son empressement à se rendre à la soirée... La mèreét ait assise près d'une table, travaillant à la lampe en compagnie de sa fille... Combien était doux et tranquille cet intérieur et quelle valeur prenaient les moindres paroles de politesse !... Pourtant la mère n'avait encore parlé de rien... Marie, appliquant ses regards sur son travail, parlait peu, mais que sa voix était douce et pénétrante ! Il n'existait pas de voix pareille au monde...

M. Minoret se recueillit. Pauvre Marie ! Combien de temps écoulé depuis cette première lettre !

Le savant tira du paquet une autre lettre dans le cachet de laquelle était insérée une petite pièce d'argent trouée. La pièce devait lui porter bonheur ; elle lui porta bonheur en effet, mais dix ans seulement. Dix minutes ! Le bonheur passe si vite ! En travaillant, Marie avait laissé tomber ses ciseaux sur la dalle ; une branche s'était cassée et le lendemain le jeune professeur eut la pensée de remplacer l'instrument brisé. — « On dit que les ciseaux coupent l'amitié », lui avait répondu Marie en lui envoyant une pièce d'argent trouée pour confurer ce pronostic... Hélas ! la cruelle séparation avait été ordonnée par la nature ; mais le souvenir affectueux n'avait pas été tranché... La pauvre Marie devait le savoir, elle qui faisait partie du cortège invisible entourant les survivants !

Après la lecture de chaque lettre M. Minoret posait sa main devant les yeux, cherchant à s'isoler encore davantage pour mieux se souvenir ! Non, le professeur n'avait pas besoin de relire les lettres affectueuses de Marie pour se souvenir ! Une enveloppe pourtant le frappa par l'écriture, qui n'avait rien de féminin. M. Minoret l'ouvrit. C'était une lettre adressée par lui à la jeune femme quelques mois après son mariage, une lettre de récriminations sur sa frivolité, son goût pour la dépense.

Cette lecture fit mal au savant. Comment avait-il pu méconnaître assez Marie pour lui écrire de pareilles duretés ? C'était au début du ménage ; les deux caractères avaient quelque peine à s'harmoniser ; la poursuite de la science faisait que le naturaliste apportait au foyer ses inquiétudes, ses mécomptes dont la pauvre Marie portait le poids.

— L'ai-je assez aimée ? se demandait M. Minoret. — Oui, se disait-il, mais il songeait avec tristesse : — Ai-je suffisamment ménagé sa sensibilité ?

A cette heure, le savant repoussait, sans oser les ouvrir, quelques billets qu'il avait écrits à Marie à la suite de brouilles passagères. — Que tu es dur pour peu de choses ! lui disait-elle.

Et elle avait raison. Peu de choses, quelques petits orages avaient traversé l'union des deux époux. Lorsque Marie fut convaincue de l'affection de son mari, elle fit toutes les concessions, respectant les soucis causés par les recherches scientifiques.

En tête d'une lettre écrite par M. Minoret après un mutisme de deux jours, était écrit sur un coin du papier : *Corrigée*. Combien à cette brouille avait succédé de bonheur, tant le mot *Corrigée* était vrai, tendre, et profondément affectueux !

Il avait été trop heureux, le savant ; trop heureux sur cette terre où l'homme se débat contre tant de misères. Le nuage bleu de la félicité avait trop longtemps plané au-dessus de la tête des deux époux. Il fallait qu'il se changeât en nuée de deuil... Tous deux en avaient souffert, Marie qui laissait sa fille enfant, le père privé du foyer de tendresses auquel se réchauffait son cœur... Qu'étaient-ce que la science, la réputation, en regard des tendres sourires féminins de chaque instant?

M. Minoret fermait les yeux, essayait de se rappeler de tendre sourire qu'aucune image ne pouvait rendre. Et cette âme qui compâtissait à tous, qui ne pouvait entendre le récit d'un malheur sans en être affectée ! Pauvre âme frêle et vibrante qu'un coup d'aile de la mort avait abattue brusquement !

Tout ce qui provenait de Marie avait gardé sa signification, son parfum. M. Minoret prit encore une lettre au hasard ; la lettre contenait une feuille de saule... La feuille de saule des fiançailles... Ils se promenaient au bord de l'eau sur le chemin qui bordait la maison de la mère de Marie ; la rivière coulait à leurs pieds... Un certain temps ils avaient suivi le chemin, la main dans la main ; puis ils s'étaient assis sur le gazon et le jeune professeur avait lu à Marie la *Chaumière indienne*. La jeune fille écoutait avec attention la lecture de la nouvelle de Bernardin de Saint-Pierre, l'interrompant parfois par des réflexions qui prouvaient combien elle était d'accord avec l'admirateur de ce chef-d'œuvre.

Tous les ans, à la même époque, le naturaliste eût voulu aller en pèlerinage à l'allée des saules... M. Minoret n'avait pu, à travers sa vie si occupée, la revoir qu'une fois. Les saules étaient pliés en deux de même que de vieux laboureurs fatigués ; leur tronc s'était fendu comme le cœur du savant ; leur sommet s'était dégarni de branches vertes ainsi que le crâne se dépouille de cheveux. Triste symbole de la vie que ces saules vieillis. Un jour viendrait où ils disparaîtraient à leur tour ; mais ce qui ne s'effacerait qu'avec le dernier souffle du naturaliste, c'était le souvenir de Marie.

Qu'elle était de bon conseil ! Comme la compagne du savant tournait les difficultés et savait adoucir les chocs que M. Minoret subissait de l'administrateur ! Maintenant, semblable à un galet, il était roulé à tout instant contre d'autres galets qui l'écrasaient et le naturaliste sentait combien s'étaient émoussés les angles de sa volonté. Il était devenu rond, poli, sans courage pour la résistance. Son culte pour la science s'amoindrissait.

— A quoi bon ? se disait-il ne trouvant plus d'aide. Du vivant de Marie le naturaliste traînait courageusement la charrette de l'existence. Aujourd'hui fatigué, M. Minoret constatait que ses facultés intellectuelles s'agitaient encore en lui, mais elles manquaient des ressorts d'autrefois !

Alors le naturaliste sentit les larmes couler en souvenir de Marie à qui il ne pouvait plus confier chaque jour ce qu'il avait dans l'âme. Sur ce papier où un esprit délicat avait tracé naturellement et sans efforts des mots qui allaient droit au cœur, d'amères larmes tombaient.

Mais quelle douce vision se produisit dans le cerveau du savant ! Une joue caressante venait se poser contre la sienne comme du temps de Marie ; une main avait saisi la sienne ; des pleurs consolantes se mêlaient aux larmes du naturaliste.

Était-ce un rêve ? Marie revenait-elle à la vie ?

— Père ! dit une voix qui fit tressaillir M. Minoret. Père !

La jeune fille était aux genoux du savant et

l'homme plongeait ses mains dans cette chevelure qui avait le parfum de celle de sa mère.

Ils ne se disaient rien ; ils pleuraient ensemble. Et les larmes qui avaient coulé pleines d'amertume s'étaient changées en douceur.

M. Minoret songeait à l'allée des saules d'autrefois. Oui, les saules aujourd'hui étaient rabougris, déchiquetés ; mais du sommet de ces vieux arbres, ne tenant plus au sol que par une légère écorce, s'élançaient des rejetons frais, verts, et le naturaliste s'était laissé aller à la douleur sans penser à sa fille, ce rejeton tendre et jeune de la douce Marie !

XXVI

L'INSURRECTION

Le père et la fille étaient restés l'un près de l'autre, les cœurs échangeant leurs souvenirs, lorsqu'on entendit tout à coup un tintement singulier au clocher de l'église voisine.

Il était quatre heures du matin.

La première pensée de Marie fut pour Mme Morateur. Echidna venait d'expirer peut-être à la Pitié ; mais on ne sonne pas dans les hôpitaux la fin de l'agonie des êtres qui y sont enfermés.

Le tintement continuait lugubre et persistant.

— Éoute, dit le naturaliste. Le tocsin !

Un violent incendie avait donc éclaté dans le quartier pour que le guetteur troublât les habitants pendant leur sommeil ?

M. Minoret ouvrit la fenêtre. Le tocsin persistait à lancer sa note sinistre. On entendit alors des bruits de pas précipités dans la rue qui longe le Jardin du Roy ; puis, tout à coup, comme un bruit de poutres qui tombent.

— Des coups de fusil ! s'écria M. Minoret.

Fanny, anxieuse, se blottit près de son père.

Dans la rue passèrent des hommes qui couraient d'un pas précipité.

— Aux armes ! criaient-ils.

C'étaient des agitations confuses, entremêlées de silence.

En ce moment de la butte Sainte-Geneviève descendaient par groupes des hommes qui venaient rejoindre les gens du faubourg Saint-Marceau.

Tous criaient : Aux armes ! et frappaient violemment aux volets des boutiquiers.

Le quartier du Jardin du Roy n'était pas alors entouré des vastes voies actuelles : des rues étroites, en pente, mal pavées, descendaient d'un côté aux barrières, ou montaient escarpées jusqu'aux hauteurs de Sainte-Geneviève. De pauvres industries avaient trouvé asile dans ce pauvre quartier. Au milieu de ces boutiques s'ouvraient les hangars d'un entrepreneur de travaux de démolition ; la porte ouverte laissait voir des accumulations de portes et de fenêtres, de planches et de poutres, de squelettes d'escaliers en spirales. Une bande d'hommes se précipita dans les chantiers ; en un clin d'œil le terrain fut vide. C'était comme une fourmilière, montant la rue, la descendant, chargée de matériaux de toute sorte que les travailleurs jetaient les uns sur les autres, alors que d'autres dépavaient la rue pour les recevoir.

— Que veulent-ils, père ? dit Fanny.

M. Minoret leva les bras au ciel.

A l'endroit où se trouve aujourd'hui la fontaine Cuvier s'élevait à hauteur d'homme une muraille de pavés, couronnée par de vieux meubles pris dans les boutiques de friperie. Il en sortait des caves ; il en tombait des étages de hautes maisons. Chaque habitant voulait fournir son meuble à la barricade.

L'agitation régnait, maîtresse du quartier.

Toute porte qui ne s'ouvrait pas était enfoncée ; les premières, entre-bâillées, étaient celles à façades peintes en rouge. Une lumière, dans le fond, éclairait la boutique des marchands de vins. On se préparait à combattre en buvant.

Le petit jour commençait à poindre. Le tocsin avait cessé. De temps en temps des gens se détachaient de la barricade.

— Rien, disaient-ils en revenant. Ils n'oseront pas bouger.

En ce moment des hommes, chargés de liasses de papiers, parcouraient les rues et collaient contre les murs des affiches portant en gros caractères : — *A bas les ordonnances !*

M. Minoret lut ce placard sans en comprendre le sens. De quelles ordonnances s'agissait-il ?

Un vent de révolte soufflait, qui faisait affluer le sang au cœur des citoyens, exaltait les timides et les rendait capables de se faire tuer pour la défense de leurs droits. Tempête pour les uns, radieux lever de soleil pour les autres. Tout Paris subissait ces courants fiévreux, hormis M. Minoret plongé dans la science.

Lui-même, M. Pardessus, accablé par ce déchaînement populaire, était descendu à la grille du Jardin du Roy, non plus vaniteux et superbe, mais sombre et abattu. Les subalternes de l'administrateur étaient devenus ses égaux; car ce n'est pas une trilogie abstraite que les mots: *Égalité, Liberté, Fraternité*, tracés sur les murailles par le peuple pendant les révolutions.

M. Pardessus était incapable de ressentir ces courants vivifiants. *Liberté!* Des savants qui l'entouraient, l'autocratique personnage avait fait des esclaves. *Égalité!* Juché sur le piédestal d'une ambition mesquine, M. Pardessus se croyait au-dessus de tous. *Fraternité!* Il n'avait jamais compris cette formule qui, dans sa tendresse, rapproche les hommes des derniers rangs des premiers et fait battre leur poitrine à l'unisson.

L'administrateur entrevit alors le gouffre au fond duquel son autorité menaçait de sombrer. Ses yeux caverneux étaient rougis: tout le cassant et l'altier de sa nature devenait mou et sans forces. Les bruits du dehors retentissaient en lui comme un glas funèbre et incessant. L'administrateur cherchait à reprendre confiance dans ceux qui l'entouraient, et ne rencontrait que regards chargés de dédains.

Un moment M. Pardessus sentit sa poitrine débarrassée d'un poids qui l'accablait. Un régiment de la garde royale s'était massé sur le quai qui fait face au Jardin du Roy. Ce fut un moment de courte durée : le combat ne devait pas s'engager là. Des décharges de coups de fusil se faisaient entendre du côté de l'Hôtel-de-Ville, plus loin, dans la direction du Louvre, plus loin encore, aux environs de la place de la Bastille. Le régiment de la garde royale quitta le quai et disparut, enlevant à M. Pardessus l'espoir qu'il nourrissait de voir écrasés les émeutiers du quartier.

Grâce à son titre d'établissement royal, le Jardin conservait une sorte de neutralité. Il avait été marqué pourtant d'un signe qui témoignait que, dans son respect pour les collections, le peuple entendait faire porter ses couleurs à cet endroit.

Un drapeau tricolore fut attaché à la grille,

au-dessus de la porte d'honneur, malgré les réclamations de M. Pardessus.

En voyant les couleurs de l'insurrection sur les murs du Jardin du Roy, l'administrateur eut le sentiment de sa propre déchéance. Ce n'est rien, en apparence, qu'un changement de couleur de drapeau : le peuple y voit des gages donnés à la cause qu'il défend ; les cœurs palpitent, se sentant entraînés à la victoire.

M. Pardessus faisait pitié. L'audace de ces hommes qui osaient dépaver les rues, pénétrer dans les maisons, s'armer contre des troupes régulières, confondait son autoritarisme. Dans ces moments, on éprouve le besoin de communiquer ses impressions à ceux qui vous entourent, de chercher des espérances. M. Pardessus restait seul, sans appuis. Les professeurs s'entretenaient entre eux et affectaient de tenir leur supérieur à distance. Si l'administrateur s'avançait vers eux, chacun lui tournait le dos et le groupe dispersé allait se reformer dans un autre endroit.

Cependant la barricade demeurait inactive. Les barricades aspirent à être attaquées. On n'entendait qu'au loin le bruit de la fusillade et le son du canon. De petites fumées, dans la direction du faubourg Saint-Antoine, montaient vers les nuages. Parfois de grandes acclamations à la suite de coups de feu. Était-ce un signe de résistance victorieuse? Un excitant que l'inconnu pour les hommes du peuple qui, d'avance, ont fait le sacrifice de leur vie et brûlent du désir de défendre leurs frères.

La barricade fut abandonnée ; les hommes prirent le chemin du quai, cherchant des places où les combattants auraient besoin de leurs bras.

Le quartier était redevenu tranquille. L'espoir revint encore une fois à M. Pardessus.

En ce moment se présentait, à la grille du Jardin du Roy, un infirmier de l'hôpital de la Pitié.

— Le directeur m'envoie, dit-il, prévenir M. Morateur que sa femme est à toute extrémité, et qu'il vienne au plus tôt s'il veut la voir en vie.

Le portier alla informer de cette nouvelle M. Morateur, qui se trouvait avec ses collègues. Tous lui serrèrent la main. M. Morateur restait impassible.

— Les horreurs de la guerre civile, dit-il, m'affectent profondément déjà.

Ce *déjà* n'indiquait pas une vive sollicitude pour Echidna.

— Je vais chercher Fanny, dit M. Minoret.

Fanny suivit son père et se trouva en présence de M. Morateur.

— Que d'événements terribles! s'écria-t-il en prenant la main de la jeune fille... Dites à Mme Morateur la part que je prends à son malheur.

Ce ton compassé, cette froideur indiquaient que le professeur jugeait inutile d'adoucir par sa présence les derniers instants d'Echidna.

Pour la première fois depuis la matinée, la grille du Jardin du Roy fut ouverte. Fanny partit émue, longea la barricade et entra à l'hôpital, laissant le groupe des professeurs médiocrement préoccupé de la cause qui amenait sa sortie.

Ainsi que l'avait dit froidement le mari d'Echidna, de graves événements préoccupaient l'esprit de tous. Chaque révolution a pour privilège de mettre en lumière des hommes nouveaux et de renverser certains autres, quoiqu'ils paraissent solidement fixés au sol. Un coup de fusil qui semble ne pas porter abat un fonctionnaire qui a échappé jusque-là aux secousses de citoyens plus méritants.

Toute la journée se passa en incertitudes et en angoisses. Des curieux qui, à travers des ruelles protectrices, se glissaient jusqu'aux quais, revenaient avec des nouvelles contradictoires. Selon les uns, la troupe triomphait; suivant les autres, l'insurrection s'avançait, maîtresse du terrain, jusqu'au Louvre.

La fusillade, qui continuait par ripostes avec des feux bien nourris, n'indiquait pas la défaite des troupes régulières. Le jour commençait à tomber. A cette heure seulement, M. Pardessus rencontra Claude qui s'était prudemment caché jusque-là.

Malgré sa couardise, c'était le seul homme qui pouvait encore lui obéir aveuglément. M. Pardessus fit part à Claude d'un projet qu'il méditait. L'administrateur avait remarqué, alors qu'on rouvrait les portes de la grille à Fanny, que le drapeau tricolore était peu solidement fixé à la grille. Qui triompherait pendant la nuit, de la volonté du roi ou de celle du peuple? Personne ne le savait.

A la faveur des premières tombées de la nuit M. Pardessus fit monter Claude dans les enroulements de la grille pour enlever ce subversif drapeau tricolore qui, selon l'administrateur, ne devait pas déshonorer l'entrée d'un établissement royal.

Le quartier était calme. La barricade déserte. Au moment où Claude coupait la corde qui retenait le bois de l'étendard, de la barricade sortit un enfant qui grimpa lestement à la grille et asséna sur la face du préparateur un coup de crosse de vieux pistolet dont il était armé.

— Ah ! filou, tu veux enlever le drapeau tricolore ! s'écria-t-il.

Le coup de crosse avait été si violemment appliqué sur le visage de Claude, qu'étourdi et aveuglé par le sang qui jaillissait des narines, il tomba sur le sol.

— As-tu ton compte, jésuite? cria le gamin.

L'incident n'eût peut-être pas eu d'autres suites si, au même moment, n'avaient passé dans la rue des combattants revenant de l'Hôtel-de-Ville, énervés par les fatigues d'une journée de luttes.

— Qu'est-ce qu'il y a, môme? dit l'un d'eux au gamin qui continuait ses invectives.

Tout mince acteur qu'il fût dans le drame de l'insurrection parisienne, l'enfant, glorieux d'avoir gardé la barricade prit les hommes du peuple à témoin de la réussite de ses exploits.

— C'est ces gens-là, dit-il, qui ont abattu notre drapeau tricolore.

Le fait était accablant. Le drapeau, que Claude n'avait pas eu le temps de détacher entièrement, pendait le long de la grille intérieure, la hampe en bas.

— Vous allez le remettre tout de suite à sa place, dit à M. Pardessus, un des hommes armés.

Claude, étanchant le sang de sa figure, était incapable d'obéir à une telle injonction.

L'altercation qui avait lieu à cette grille attirait les habitants du quartier.

Les établissements subventionnés par la nation peuvent enorgueillir les gens du voisinage : ce sentiment d'admiration n'empêche pas un levain de jalousie de se produire. M. Pardessus n'avait rien fait pour se concilier la population des alentours. Il sortait comme un suzerain de son burg du Jardin du Roy, regardait avec dédain les ouvriers, les boutiquiers et se croyait un haut baron régnant sur ses vassaux.

Aussi les gens à demi hostiles s'étaient-ils approchés de la grille en entendant les récriminations du gamin, qui trouvait là l'occasion de réciter son dictionnaire faubourien. Le drapeau abattu mettait la révolte au cœur même des plus prudents qui n'avaient pas quitté leur intérieur pendant l'insurrection. Ils se groupaient menaçants autour de l'enfant, tous parlant à la fois.

En voyant grossir d'instant en instant ce rassemblement tumultueux, M. Pardessus commit la faute d'abandonner Claude. Le gamin avait vu l'administrateur causer avec lui et le dénonçait comme son complice. A son tour, Claude, imitant son chef, prit la fuite.

Il ne connaissait pas les forces considérables dont dispose une foule irritée. En un instant, la grille subit une poussée qui fit sauter le plâtre des gonds, tordit les gros barreaux, força la serrure ! La foule se ruait dans le Jardin du Roy avec des cris à réveiller tous les animaux assoupis.

D'où sortent les instruments de défense, les engins de destruction dans les insurrections? Jusque-là le rassemblement ne formait qu'une masse noire et confuse. Tout à coup brillèrent des torches de résine venues on ne sait d'où; alors commença à l'intérieur du Jardin du Roy une fantastique chasse à l'homme. Le cri *A bas les blancs !* qu'on entendait dans les allées sinueuses, faisait penser aux battues des bleus dans les buissons de la Vendée.

A cette heure la bande ne connaissait plus d'obstacles; les clôtures où sont parqués les animaux étaient renversées.

A des ombres épaisses succédaient des lueurs rougeâtres produites par la résine des torches. Après une seconde de repos la foule poussait de grosses clameurs semblables à celle de la marée montante. Quand le canon tonne au loin, le peuple tire de sa poitrine des cris de révolte auprès desquels la voix du bronze paraît sourde.

Ces terribles bruits du Paris insurgé avaient pénétré à travers les interstices des cages des animaux. C'étaient des répercussions d'orages qu'on eût cru éclater dans les montagnes avoisinant le mont Atlas, de sourds grondements du désert qui formaient la contrebasse puissante des rugissements de l'homme. Sur la grave mélopée d'un orchestre vengeur se détachaient des piaillements d'oiseaux effarouchés, des gloussements de volatiles aux abois, et les aigles aux ailes effarées, qui jadis avaient supporté d'autres orages sur la cime de leurs roches, soupçonnaient peut-être que le cœur d'un peuple combattant pour l'indépendance contient des tempêtes d'une plus violente portée.

A travers le jardin, les gens armés s'appelaient, se hélaient, couraient à pas précipités, et avertissaient par des coups de feu la proie qu'ils poursuivaient du sort qui lui était réservé.

Les torrents dévastateurs, les incendies, les trombes qui déracinent une forêt, peuvent seuls donner une idée de ce qui se passa au Jardin du Roy pendant cette nuit. Toutes les fenêtres des maisons habitées par les professeurs s'ouvraient, laissant apparaître à la clarté des lanternes d'anxieuses figures.

— Fenêtres fermées ! cria une voix.
— Fenêtres fermées ! reprit la foule.

Tremblants, les habitants obéirent à cet ordre que pouvait suivre un coup de feu.

Cependant les assaillants discutaient entre eux.

— Ouvrez fenêtres! commanda une voix forte et vibrante.

— Ouvrez fenêtres! mugit la foule.

Les fenêtres furent aussi précipitamment ouvertes qu'elles avaient été fermées.

L'enfant, qui avait découvert la tentative d'enlèvement du drapeau tricolore, réapparut tout à coup, battant la charge sur une caisse de tambour rapportée la nuit du combat par les insurgés; il entra le premier dans un logement comme s'il s'agissait de le prendre d'assaut et la foule se précipita à sa suite dans les maisons de chacun des naturalistes pour y chercher l'administrateur. Les lits percés à coups de baïonnettes, les meubles renversés n'amenèrent aucun résultat.

Le directeur s'était bien gardé de chercher un asile chez ses subordonnés.

La perquisition dans l'intérieur des maisons n'ayant amené aucun résultat, la chasse recommença à l'extérieur.

Vraisemblablement, M. Pardessus avait dû chercher un asile dans une cabane du jardin. La foule, qui n'avait pas respecté les treillages de l'enceinte des parcs des animaux, ne devait pas s'inquiéter de forcer les portes de leurs asiles pendant la nuit. Petits chalets, constructions rustiques, auvents couverts de litières furent ouverts, fouillés; avec des bonds prodigieux, des beuglements, les animaux effarés sortirent de leurs retraites, s'échappant dans toutes les directions ou se blottissant dans les rangs de l'émeute qui prenait le caractère d'une colonne de soldats ayant razzié des fermes ennemies. Buffles et bisons faisaient corps et beuglaient avec l'émeute.

Quoique affolé, M. Pardessus, poussé par le sentiment de sa conservation, s'était successivement blotti derrière diverses cabanes d'animaux. A mesure que l'émeute avançait, il reculait. Combien l'administrateur avait jeté des regards d'envie sur les arbres qui se succédaient dans sa course! Pour se rendre invisible aux agresseurs, il eût fallu atteindre la cime!

Il ne restait plus au fugitif qu'une ressource, la mare des échassiers. Elle était sombre. Aux alentours se tenaient sur leurs longues pattes des oiseaux méditatifs, le crâne dépourvu de plumes et qui, seuls de tous les hôtes du jardin, semblaient ne subir aucune influence de l'envahissement de leur parc. Ces oiseaux songeurs, les yeux cernés de rides, immobiles comme les momies du pays d'où certains provenaient, semblaient des personnages de qualité, réfléchissant sur les vicissitudes des grandeurs humaines. M. Pardessus tomba au milieu d'eux sans les troubler dans leurs méditations. Ce fut seulement lorsque l'administrateur plongea dans la mare que les mouettes, les canards poussèrent de grands cris, s'envolèrent et planèrent au-dessus de l'audacieux qui osait s'emparer de leur royaume.

Le bruit du tambour se faisait entendre à quelques pas de là. M. Pardessus s'étendit tout de son long dans la mare ; ses membres portaient sur une boue épaisse et fétide, dont l'odeur n'avait rien de commun avec les eaux de senteur dont se parfumait chaque matin l'administrateur. Qu'importait à M. Pardessus à cette heure? Il eût souhaité la vase plus noire, plus fangeuse, pour s'en couvrir la figure et les habits.

À ce moment l'enfant, toujours frappant sur son gros tambour, faisait le tour de la mare. Les transes de l'administrateur redoublèrent. C'était à cet enragé qu'était dû le saccage du Jardin du Roy; lui seul avait dénoncé l'administrateur. Quel instinct diabolique poussait donc à la vengeance ce gamin, dont M. Pardessus se rappelait vaguement les traits?

L'administrateur, dans ses angoisses, revit avec les yeux du souvenir le fils d'un gardien de service qu'un an auparavant il avait chassé du Jardin du Roy pour ne pas lui avoir témoigné assez de déférence. La famille était tombée dans la misère; la femme était morte et, malgré les supplications d'Armance, le gardien n'était pas rentré en fonctions. Il y rentrait aujourd'hui dans la personne de son enfant! Voilà ce à quoi pensait actuellement ce personnage d'un autoritarisme inflexible, cet homme sans pitié pour les faibles, qui se fût traîné aux genoux de l'enfant pour implorer sa grâce.

Un instant, le son de la caisse infernale s'arrêta. L'enfant faisait le tour de la mare.

— Je suis perdu, pensa M. Pardessus qui devina l'examen auquel se livrait vraisemblablement l'enfant; il s'étonnait des cris plaintifs des mouettes qui tourbillonnaient au-dessus de la mare. Ayant vécu longtemps dans le Jardin du Roy, il avait une sorte de connaissance des habitudes des oiseaux.

Un froid subit sur le crâne de l'administrateur le fit frissonner.

Une cigogne, que ces battements de tambour effarouchaient, déploya ses ailes, vola au-dessus de la mare, et, sans respect, vint se camper sur la tête de M. Pardessus. La cigogne, en choisissant cet endroit, fit croire à l'enfant qu'un vieux tronc d'arbre gisait au milieu de la mare.

En ce moment le tocsin fit de nouveau entendre sa voix. C'était dans la nuit qui précédait la journée du 29 juillet.

— A la barricade! cria une voix dans le lointain.

En un instant les insurgés se dissipèrent comme par enchantement; à toutes jambes, sans cesser de battre la charge, l'enfant s'enfuit dans la même direction.

Le jardin redevint tranquille. M. Pardessus semblait échappé à la chasse infernale. Mais dans quel état il apparut après le départ des assaillants lorsque, couvert d'une boue infecte, l'administrateur se traîna jusque chez lui ! Armance poussa un cri à la vue de ce noyé qui suait le froid, la fièvre.

Couché aussitôt, M. Pardessus ne reprit connaissance qu'à la fin de la journée, à l'heure où la victoire était définitivement acquise au peuple. Des coups de feu, de grands cris d'enthousiasme se faisaient entendre dans les rues voisines. De la chambre de l'administrateur on voyait les lampions briller aux fenêtres des étages supérieurs des maisons voisines.

Par Armance, M. Pardessus apprit qu'un gouvernement provisoire était installé à l'Hôtel-de-Ville ; malgré sa faiblesse, l'administrateur éprouva encore un vague regret de n'être pas à cette heure prêt à saluer le nouveau pouvoir.

Ce sentiment d'ambition ne dura qu'un moment. La fièvre avait pris le dessus. Toute la nuit le malade eut le délire. Il frappait à coups redoublés sur les draps en suppliant, comme s'il avait été visé par un peloton d'exécution.

Cependant les professeurs s'étaient réunis de grand matin et s'entretenaient des dangers qu'avait courus M. Pardessus. Une députation fut nommée, composée de MM. Drelincourt et Comparet, pour accompagner le médecin qu'on était allé chercher. Les professeurs voulaient se rendre un compte exact de l'état de leur chef.

— Je suis bien malade, docteur, dit d'une voix faible M. Pardessus, qui était recouvert de ouate des pieds à la tête.

A diverses reprises, le docteur passa sa main sur les extrémités du malade.

— Et bien, docteur? demanda Armance anxieuse.

— Grave refroidissement... Appliquez sans cesse des briques brûlantes le long du corps.

Au sortir de là le médecin dit aux professeurs.

— Rhumatisme articulaire certain... suivi de dangereuses complications...

— Que peut durer un semblable état? demanda M. Drelincourt.

— Normalement les complications se produiront après vingt et un jours de privation de mouvement.

L'administrateur était cloué au lit au moins pour trois semaines. Pendant cette période, on pouvait reprendre le projet qui avait été élaboré dans le Corridor-qui-parle à la suite de la visite du ministre. Le roi était en fuite, les ministres signataires des ordonnances incarcérés, les courtisans avaient quitté Paris. Les protecteurs manquaient au baron Pardessus. Un nouveau gouvernement reconnaîtrait la légitimité des doléances des professeurs, la nécessité de mettre un meilleur chef à la tête de l'établissement.

On parlait d'attacher au ministère le célèbre naturaliste Desonnaz. Il était à l'Hôtel-de-Ville avec les membres du gouvernement provisoire. Les professeurs allèrent le trouver.

— La question de la direction du Jardin des Plantes s'est souvent présentée à mes méditations, dit Desonnaz ; je pense que les professeurs doivent s'administrer eux-mêmes. A quoi bon, à la tête d'un établissement qui comporte tant de services divers, un naturaliste que ses études entraînent forcément d'un côté et qui néglige les autres parties de la science?... Administrez-vous vous-mêmes, mes chers confrères ; confiez la signature, pendant six mois, à un de vos collègues, de telle sorte que le roulement vous mette à même, chacun votre tour, de faire fonction d'administrateur pendant cette période... Si, comme je l'espère, vous êtes d'accord, je me fais fort d'obtenir le règlement des membres du gouvernement provisoire.

Pour la première fois, sur une question de principes les professeurs s'entendirent à l'unanimité; cependant les hirondelles furent encore troublées le soir dans leur abri du Corridor-qui-parle.

Quel serait l'homme qui, le premier signerait pendant six mois, les actes de l'administration? N'était-il pas à craindre qu'un professeur, assis dans le fauteuil de l'administration, ne s'y cramponnât?

Les ambitieux faisaient passer leurs propres visées dans l'esprit de ceux qui pensaient le moins à gouverner.

M. Minoret fut nommé à deux voix de majorité : sans doute il était pénible aux naturalistes de constater que, par ses travaux, son détachement de tout intérêt matériel, l'anthropologiste fût le véritable chef du Jardin des Plantes, sa lumière, son rayonnement; mais l'homme, on le savait, ne vivait que pour l'histoire naturelle et était incapable de faire peser le poids de son autorité sur le personnel.

Cette haute situation dont l'investissaient ses collègues, M. Minoret n'en usa que pour se replonger dans ses études. Avec quelles délices ! Un homme qui a été privé trois jours de sommeil n'est pas plus heureux en se reposant que M. Minoret, délivré de tous soucis.

Le 30 juillet, alors que le *Moniteur officiel* relatait les combats des trois journées qui avaient donné naissance à nombre de faits dramatiques, on n'a peut-être pas remarqué une note due à M. Minoret qui, chargé par ses collègues de donner un bulletin quotidien du Jardin des Plantes, annonçait la perte « fâcheuse » d'une lionne âgée de trois ans, née dans l'établissement.

Le 1ᵉʳ août 1830, le *Moniteur* se préoccupait de la secousse que la Révolution de Juillet avait imprimée aux divers États européens, quelques-uns en défiance, d'autres sympathiques à la cause populaire. Dans le même numéro se lisait cette note due à

M. Minoret : « On constate avec plaisir au Jardin des Plantes que le moral des chèvres d'Angora tend à s'améliorer de jour en jour. »

FIN

TABLE

                                                              Pages.
I. — Sur la sellette   1
II. — Type d'administrateur   10
III. — Fanny Minoret   19
IV. — Le labyrinthe   27
V. — Echidna Gabonica   42
VI. — Réception ministérielle   49
VII. — Le ministre au Jardin du Roy   58
VIII. — Le Corridor-qui-parle   89
IX. — L'Assemblée   104
X. — La marquise de Montendre   116
XI. — La cour   127
XII. — Le préparateur   137
XIII. — Le dîner de l'administrateur   150
XIV. — Armance   168
XV. — Les cadeaux de noce   190
XV. — Le crâne du chimpanzé adulte   207

XVII. — L'ombre.	218
XVIII. — La chaîne des dames.	223
XIX. — Les cours d'anthropologie.	239
XX. — Les visées de madame Boutibonne	260
XXI. — Fascination de la Vipère du Gabon	270
XXII. — La cage aux serpents.	278
XXIII.— L'œil de l'éléphant	288
XXIV.— Euphorbia mortiferens	295
XXV. — La nuit aux souvenirs	318
XXVI. — L'insurrection	329

www.ingramcontent.com/pod-product-compliance
Lightning Source LLC
Chambersburg PA
CBHW070907170426
43202CB00012B/2223